BUDA

EL PRÍNCIPE DE LA LUZ

Su vida,
su enseñanza

RAMIRO A. CALLE

Diseño de portada: Editorial Sirio, S.A.
Fotografías del interior: Cedidas por el autor

©   Ramiro A. Calle Capilla, 1994

©   de la presente edición

EDITORIAL SIRIO, S.A.	Nirvana Libros S.A. de C.V.	Ed. Sirio Argentina
C/ Panaderos, 9	Calle Castilla, nº 229	C/ Castillo, 540
29005-Málaga	Col. Alamos	1414-Buenos Aires
España	México, D.F. 03400	(Argentina)

www.editorialsirio.com
E-Mail: sirio@editorialsirio.com

I.S.B.N.: 84-7808-296-4
Depósito Legal: B-24.375-2006

Impreso en los talleres gráficos de Romanya/Valls
Verdaguer 1, 08786-Capellades (Barcelona)

Printed in Spain

BUDA

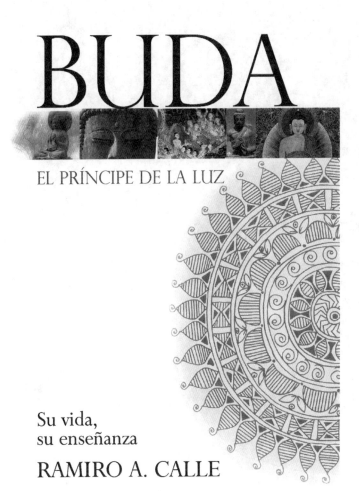

EL PRÍNCIPE DE LA LUZ

Su vida,
su enseñanza

RAMIRO A. CALLE

editorial  irio, s.a.

Agradecimientos

Deseo expresar mi más sincero agradecimiento a los siguientes monjes budistas, pues con ellos he mantenido prolongadas conversaciones que me han enseñado mucho: Nyanaponika Thera, Bhikkhu Boddhi, Narada Thera, Piyadassi Thera, H. Saddhatisa, Ananda Maitreya, Kassapa Thera, venerable Gurutane, venerable Madihe y Arayawansa Mahatera, así como a otros conocidos y entrevistados en la India, Birmania, Sri Lanka o Tailandia, entre otros numerosos países de Asia.

También quiero hacer constar mi gratitud a Walpola Rahula y C. Humphreys, a los que entrevisté durante varias horas en Londres.

Hago asimismo extensivo mi agradecimiento a los innumerables lamas que he tratado a lo largo de estos años, entre los que debo destacar al Dalai Lama y a Dudjom Rinpoche, Kalu Rinpoche, Sakya Trezin, Trangu Rinpoche y Akong Rinpoche. Mi gratitud especial para el médico-lama Tashi Lobsang, al que he entrevistado en numerosas ocasiones a lo largo de dos décadas.

Expreso también mi gratitud a Almudena Haurie Mena, por acompañarme en muchas de las entrevistas realizadas a monjes budistas en Oriente, así como a Amadeo Solé-Leris, hermano en el *Dharma*, y a Simón Mundy, compañero de búsqueda desde hace treinta años.

Mi agradecimiento para Pablo Olmeda, director de Air India en España, que pacientemente me ha prestado su valiosa información y colaboración en mis viajes a la India; también para mis amigos indios Vinay Maheshwary y Pramod Singla, directores de Services International en Delhi. Un reconocimiento especial para mi amigo indio Jai Singh Bika, quien, conocedor de muchas lenguas orientales, me ha servido de intérprete a lo largo de muchos años.

Y, cómo no, mi más entrañable gratitud para mis alumnos del centro de yoga Shadak, que durante más de tres décadas han confiado en mí y me han obsequiado con su amistad y compañía.

Un Príncipe, un Buda

Buda nació hace dos mil quinientos años, en la India, y su enseñanza sigue siendo tan aplicable hoy en día como lo fue antaño. Sus métodos de autoinvestigación son fiables y válidos para toda persona con inquietudes de búsqueda, cualesquiera sean sus creencias espirituales. Fue el hombre más despierto de su época... y seguramente de muchas épocas. No fundó una religión (aunque luego deviniese como tal), sino que mostró un sendero para abrir el corazón, clarificar la inteligencia y poner fin al sufrimiento.

En cuanto a mí, me declaro universalista y bebo en todas las fuentes espirituales genuinas, de Oriente y Occidente, desconfiando razonablemente de las instituciones religiosas, y discerniendo de manera muy precisa entre religión y mística, religiosidad y espiritualidad. Algunos hindúes me han dado el sobrenombre de Rama; y como escritor de budismo he utilizado el de Rahula (que me dio el venerable Narada). Cuando escribo sobre una mística genuina, me identifico totalmente con ella. Si tuviera la fortuna de hallar un hombre como Buda, Lao-Tsé, Mahavira o Jesús, le besaría las sandalias. Pero rechazo a los ególatras gurús de masas y me repugna, como hombre libre, la abyección que exigen y reciben. El gran maestro es siempre la Enseñanza. En lo fundamental, y más allá de las palabras engañosas y de los conceptos desorientadores, todas las místicas son el mismo *Dharma*. Buda declaraba que la doctrina que dispusiera del Noble Óctuple Sendero, es decir, genuina moralidad, ejercicio mental y Sabiduría, era verdadera.

Desde niño me sentí especialmente atraído por la figura del Buda: un príncipe que había sabido renunciar a todo para hallar la paz sublime y el conocimiento supremo. A este respecto hago mías las palabras del venerable Narada Thera, abad del monasterio de Vajirarama:

> «*Cuanto más le conozco, más le amo. Cuanto más le amo, más le conozco*».

PRIMERA PARTE

EL HOMBRE Y SU VIDA

El nacimiento del
Príncipe Siddharta

BUDA

Se llamaba Maya y era una mujer de una sensibilidad prodigiosa. Maya estaba desposada con el rey Suddhodana, monarca del reino de los sakyas: un reino pacífico, de hermosas y fértiles tierras situadas en la planicie del norte de la India (hoy el Terai nepalí), no lejos de las estribaciones himalayas. Gozaba de hermosos bosques, refrescantes ríos y espléndidos arrozales. Tenía como vecinos a los kosalas, con los que el reino mantenía relaciones favorables gracias a la sabiduría política del monarca. Suddhodana estaba desposado con Maya y con una hermana de ésta, Prajapati.

*El templo de Maya-Devi, en honor
de la madre de Buda, en Lumbini.*

*Lumbini (en el Terai nepalí),
lugar donde nació Siddharta Gautama, el Buda.*

La capital del reino era Kapilavastu, donde los monarcas disponían de tres residencias para las distintas estaciones del año. Todo el reino era de gran hermosura, tanta que Maya gustaba de fundirse con la naturaleza y quedar absorta junto al río Rapti. Las gentes pacíficas del reino amaban a sus monarcas; con motivo de los festivales, la reina hacía grandes obras de caridad y tenía ocasión de conocer de cerca a sus súbditos. Era una mujer sensible y bella, de manera que Suddhodana la amaba profundamente, pero no tenían hijos.

En la época de la luna llena de Asadha, en el palacio se vivía con gran fasto. Se llevaban a cabo continuas fiestas, en las que había atractivas danzas y músicas sugerentes. En aquel tiempo, se estaba celebrando uno de los festivales más relevantes del año, al cual la reina Maya gustaba de asistir porque disfrutaba con las sencillas gentes de su pueblo. Sin embargo, desde hacía algunos días se sentía muy fatigada. La séptima jornada después de haber comenzado el festival tomó un baño aromático para reponerse; después, sus damas la ayudaron a acostarse y la dejaron sola en su cámara para que reposase tranquila. Entonces la reina tuvo una vívida ensoñación: una especie de velo azulado nubló su mirada, sus oídos se cerraron para todo lo externo y su mente salió de la estancia en la que su cuerpo se hallaba, abandonó el palacio, sobrevoló el reino y llegó a la tierra maravillosa del Loto, allí donde pueden obtenerse las más reveladoras visiones. En esa dimensión, fue conducida hasta la montaña de plata que sostiene en su cima el palacio de oro. Entró en una de las estancias del palacio y su mente se sumió en éxtasis. Por el norte, desde los espacios sin límite, apareció un soberbio elefante blanco, con descomunales colmillos de singular belleza y con la mirada profunda del universo. De súbito, el magnífico ejemplar de elefante comenzó a galopar sobre las nubes de coral y cogió con su hábil trompa un espléndido nenúfar. Fugaz como un rayo, se coló en el palacio dorado sobre la montaña de plata, entró en la cámara de la reina y, convirtiéndose en un refulgente haz de luz, penetró por el costado de Maya, recorrió sus entrañas y se alojó en su útero. Cuando la reina volvió a su estado mental ordinario, estaba profundamente emocionada e impresionada por la visión que había tenido. La luna llena de Asadha culminó esa noche.

La reina le contó el sueño al monarca, pero ambos se sentían incapaces de interpretarlo. Por eso se convocó a los sesenta y cuatro brahmanes más sabios de todo el reino, los grandes custodios de la sabiduría espiritual. En la asamblea Maya narró el sueño que había tenido, porque el monarca temía que presagiase alguna desgracia. Pero uno de los más venerables brahmanes tranquilizó al rey y le dijo:

—No vayas a afligirte, señor. La reina está encinta, serás padre de un niño muy especial, que dará luz a los sakyas. Si optase por reinar, sería monarca universal, pero si renuncia a la vida mundana, será un completo iluminado.

Las palabras del brahmán originaron una gran angustia en el monarca. Llevaba tiempo deseando que su bella esposa quedara encinta y ahora, que por fin el maravilloso evento había sucedido, le decían que su hijo podía un día renunciar a la vida palaciega y convertirse en un santo. No, él no lo permitiría. Necesitaba un sucesor, y su pueblo un monarca sabio y recto el día en que él muriese. Dado el gran número de reinos y oligarcas que había, no es de extrañar que Suddhodana pusiera tantas expectativas en el futuro príncipe. Se sintió muy consternado por las declaraciones del brahmán, pero en seguida olvidó sus palabras y cedió a la alegría que le producía el embarazo de la gentil Maya. Soñaba con un joven apuesto, osado, hábil en los torneos, capaz de sobresalir en las artes y en las pruebas marciales; un varón que un día pudiera desposarse con una princesa encantadora, y que le diera un nieto sano y capaz de hacerle compañía en su vejez.

Pasaron las semanas y los meses, y corrió por todo el reino la noticia de que la reina estaba embarazada. Los nobles sakyas se sintieron muy complacidos, y la felicidad del monarca, olvidadas ya las palabras del brahmán, no tenía límite. Sin embargo, la salud de Maya no era buena, a pesar de que la atendían los mejores médicos y se le proporcionaban las mayores atenciones.

Maya llevó a su hijo en el vientre a lo largo de doscientos ochenta días, esto es, durante diez meses lunares. En ese tiempo, intensificó, para hacer méritos, las obras de caridad a las que siempre había sido tan proclive.

El día en el que sintió que el alumbramiento estaba próximo, decidió ponerse en marcha hacia la ciudad de Devadaha, donde vivían sus parientes, para dar allí a luz. Tras despedirse amorosamente del monarca, se puso en marcha con su séquito. Viajaron por la planicie, entre los fértiles y hermosos arrozales, y recorrieron tierras que hoy

---

Nota: Todas las citas están inspiradas o tomadas directamente de las escrituras religiosas del budismo original, conocidas como *Canon pali (Tripitaha)*.

pertenecen a Nepal. De súbito, la reina sintió a medio camino fuertes dolores, que sin duda anunciaban un parto inmediato. En las proximidades había un apacible y reconfortante jardín, con árboles y un estanque de aguas puras, de manera que las damas de compañía ayudaron a su reina a llegar hasta un árbol sala, al lado del estanque. Era mediodía. Las damas prepararon un lecho de plantas, hierbas y flores para que reposara sobre él, aunque, según cuenta otra leyenda, Maya parió de pie, apoyándose sobre el árbol. En todo caso, parece ser que el alumbramiento no fue difícil ni prolongado; un hermoso niño nacía en el parque de Lumbini y su cuerpo era cuidadosamente lavado en las aguas del estanque, perfumadas por el aroma de los nenúfares. Puesto que había dado a luz a medio camino, la reina ya no vio ningún objeto en viajar hasta Devadaha y regresó con su séquito a palacio.

Por todo el reino sakya se difundió la noticia del nacimiento del príncipe. Al día siguiente, acudió a palacio, de modo inesperado, un anciano asceta de muy digno porte, poseedor de grandes conocimientos iniciáticos y no menos poderes clarividentes. Su nombre era Ashita, y era considerado un gran sabio por aquellos que lo conocían. Ashita pidió ver al recién nacido y, cogiéndolo entre sus ancianos brazos, exclamó:

—¡Qué maravilloso acontecimiento que un ser tal haya venido a este mundo!

Después comenzó a llorar. Cuando el rey le preguntó por el motivo de sus lágrimas, el sabio le repuso:

—No temas, señor, porque nada malo ha de ocurrir a este maravilloso ser, pero es una criatura sublime. Si asume ser rey, será monarca universal y aun los reyes más poderosos le respetarán; pero si toma la vía de la renuncia a lo mundano, alcanzará el Nirvana y se convertirá en un perfecto iluminado, en un gran buda.

La sangre se heló en las venas del monarca. No quería ni imaginar que su hijo abandonara un día sus deberes principescos y se convirtiese en un simple anacoreta. Estaba sumido en tales pensamientos, cuando el asceta Ashita habló de nuevo:

—Estoy inmensamente acongojado, señor. Me siento muy abatido porque no me será dado rendir pleitesía a este niño el día de su iluminación, y no podré recibir de sus labios la preciosa enseñanza de la doctrina. Haré, por tanto, lo único que puedo hacer.

Y lo que el sabio hizo fue enviar un mensaje a su sobrino, casado y con hijos, para que se preparase durante años, pues un día debería renunciar a la vida mundana y hacerse monje de la orden de un futuro buda. El sobrino, treinta y cinco años después, fue ordenado monje por Buda y recibió el nombre de Nalaka.

Una semana después del nacimiento del niño, al que llamaron Siddharta, del linaje Gotama de los sakyas, la reina Maya encontró la muerte. Sólo dos días antes de que muriera, tuvo lugar una pomposa y concurrida ceremonia para poner nombre al príncipe. Fueron reunidos los brahmanes, astrólogos y adivinos, y cuando todo era dicha y satisfacción para el monarca, he aquí que uno de los adivinos elevó la voz para exclamar:

—¡Yo os aseguro que jamás el príncipe se convertirá en un rey!

Imagen de Buda en un monasterio de Lumbini, construido
para conmemorar su nacimiento en este lugar.

La sorpresa fue tal que nadie podía reaccionar. Pero antes de que el monarca protestase o el adivino fuera expulsado de la estancia, éste aseguró:

—Este niño no ha venido a este mundo a gobernar a los otros, sino a gobernarse a sí mismo y a enseñar la Vía a los demás: será un iluminado, un buda. Basta con ver sus características físicas; dispone de las propias de los budas o perfectos iluminados.

Aquel adivino se llamaba Kondañña y, con el transcurrir del tiempo, se convertiría en uno de los primeros compañeros y, luego, discípulos, de Siddharta Gautama, el Buda.

CAPÍTULO

2

Adolescencia

Como hemos visto, Ashita, el gran eremita y clarividente de los Himalayas, predijo la «budeidad» de Siddharta. Cuenta la leyenda que, ya antes de nacer el niño, había visto con su intuición transtemporal que iba a nacer un buda. Ashita había abandonado su retiro himalayo para viajar a Kapilavastu y conocer al niño-buda. Sus predicciones alarmaron sobremanera al monarca, hasta tal punto que éste trataría en todo momento de ocultar la realidad del sufrimiento a su hijo, y le rodearía de lujos y fastos sin límite, ordenando que todo estuviese siempre dispuesto para que el muchacho no tuviera ocasión de

Niño con la campana del culto en el interior de un monasterio budista tibetano. ¿Estamos ante un futuro iluminado?

Lamas haciendo sonar las trompetas utilizadas en las ceremonias sacras.

contemplar el rostro feo y amargo de la existencia. El rey rodeó de toda clase de riquezas, lujos desmesurados y placeres inimaginables al que un día se iba a convertir en el sabio de los sabios entre los sakyas.

Al haber muerto la reina, el niño fue puesto al cargo y cuidado de su tía y segunda esposa del monarca, la bondadosa Prajapati, quien estuvo asistida en su tarea por treinta y tres nodrizas. Siddharta llegaría a adorar a esta mujer que hizo las veces de madre. Prajapati era comprensiva y sensible, cuidaba con esmero del muchachito y le atendía con tanto amor como si lo hubiera llevado en sus entrañas. El caso es que Siddharta recibió toda clase de cuidados y, según se nos asegura, una nutritiva alimentación —sobre todo de lácteos— que le hacía sentirse pletórico y resistente.

Durante siete años, el muchacho estuvo en manos de su tía y de sus numerosas nodrizas. Aquéllos fueron, sin duda, unos años felices, en los que Prajapati se desvivía por hallar toda suerte de juegos y diversiones infantiles para Siddharta. Tal fue su celo que seguramente recibió un exceso de mimos y atenciones. Suddhodana insistía en que el niño jamás viese algo que le inquietara o causase malestar. Y así pasaba el tiempo: Prajapati entonaba dulces cancioncillas y Siddharta jugueteaba libremente en los espléndidos jardines de palacio.

Pero la educación de un noble príncipe de la casta guerrera no puede demorarse más de lo preciso. De modo que, cuando el niño cumplió siete años de edad, fue conducido, en compañía de otros diez mil jovencitos, hasta el mentor que se iba a hacer cargo de su educación cultural y espiritual.

El maestro era un erudito brahmán, de nombre Vismamitra. Como es todavía muy habitual en la India, las clases se recibían al aire libre, a la sombra de los árboles, y con el regalo de una brisa refrescante y olorosa, cerca de los fértiles arrozales y del río Rohini.

La educación de los sakyas era muy completa y rigurosa. El niño debía estudiar gramática, caligrafía, ajedrez, música, cálculo, astrología, masaje, perfumería, prácticas adivinatorias y otras materias. Pero, además, debía ejercitarse en el deporte y en las artes marciales, entre las cuales figuraba la esgrima, el tiro al arco, el salto de altura y longitud, la lucha cuerpo a cuerpo, la lanza y la equitación. También se recibía, cabe suponer, una sólida educación religiosa, y el muchacho tenía que pasar a la edad convenida la iniciación a la casta.

A pesar de lo que se pueda creer, y aunque la leyenda se empeñe en darnos la imagen de un joven entusiasta del deporte, siempre victorioso en las lizas marciales y muy aventajado en las materias escolares, lo cierto es que Siddharta no era ni un niño feliz ni un muchacho que buscara la diversión o el placer. Tenía una inclinación al arrobamiento místico, y es muy probable que desde su corta infancia ya estuviera lleno de inquietudes espirituales y que se formulara preguntas poco propias de su edad. A este respecto hay un pasaje muy significativo, ocurrido con motivo del festival de los labradores que, según la costumbre, debía inaugurar el monarca en compañía de ministros y consejeros. También el brahmán-capellán acompañaba al séquito real, y no podía faltar la presencia del príncipe heredero.

Así que Siddharta fue despertado muy temprano por su tía, que, tras ataviarlo primorosamente, le dijo:

—Hoy tendrás ocasión de ver cómo los campesinos trabajan los campos de nuestro reino.

Todavía estaba amaneciendo cuando la comitiva partió del palacio, y recorrió tierras agradecidas y fértiles. Un gran número de labradores, con sus mujeres e hijos, esperaban al monarca y a su séquito. A su llegada sonaron flautas y timbales y la gente estaba alborozada: los festivales en la India siempre se han vivido con un desorbitado entusiasmo. Fue entonces cuando ocurrió el suceso que referimos: Siddharta se había sentado bajo un florido mirto. De manera espontánea, sus piernas formaron la postura del loto, su tronco se irguió y su cuerpo quedó en la más tradicional de las posturas de meditación. Su mente se interiorizó, y todo él se sintió invadido por una nube de paz infinita. No escuchaba nada, sus ideaciones se habían desvanecido, sentía su cuerpo esponjoso como una nube y a la vez sólido como una roca: había entrado en un éxtasis profundo y revelador. Sólo cuando notó que unas manos le zarandeaban, y oyó unas palabras —mantras— que alguien recitaba a su oído, emergió de tan paradisíaco estado. Le había sustraído del trance el brahmán que oficiaba los ritos en la festividad. Cuando Siddharta recobró su estado ordinario de conciencia, el brahmán explicó:

—El príncipe ha entrado de forma espontánea en meditación muy profunda. De modo natural ha deleitado las claras aguas del yoga, y lo que otros yoguis tardan años en conseguir él lo ha logrado de manera inintencionada. Ciertamente este niño tiene un gran poder espiritual.

Las palabras del brahmán alertaron de nuevo al monarca. Desde ese día, todavía prodigó más atenciones, diversiones, placeres y fastos al príncipe. Sin embargo, Siddharta cada día mostraba menor interés por los estudios, los deportes y las artes marciales, y, en cambio, mayor inclinación hacia los aspectos místicos y sublimes de la existencia. Ensoñaba lugares apacibles, silentes bosques donde sentirse a gusto y junglas solitarias para remansar el espíritu inquieto. A menudo se quedaba absorto, y los placeres palaciegos cada día le atraían menos. A pesar de las esplendorosas fiestas, y de las músicas y danzas embriagadoras, Siddharta sentía tedio y desgana. Nada imantaba su atención, ninguna ostentación le fascinaba, y comenzaba a hacerse preguntas a las que no hallaba respuestas.

Aunque su padre, a la edad de trece o catorce años, le proporcionaba las más hermosas concubinas, el joven experimentaba un vacío interior que ni aquellas voluptuosas y procaces cortesanas podían cubrir. Disponía, sí, de todos esos lujos que aun el más ávido de los mortales pudiera ansiar, pero no encontraba la quietud que intuía que debía de existir y que cada día anhelaba en mayor grado. Los muros del palacio se le venían encima; las fiestas y representaciones de cómicos y acróbatas habían terminado por aburrirle. Cada día era mayor su aversión a los estudios, a los deportes y a las competiciones marciales. En esta situación, a veces era víctima de una tristeza infinita, pero, otras entraba en un estado mental de quietud inefable.

Al cumplir los quince años de edad, tuvo la primera necesidad de abandonar todo aquel carnaval que era esa vida de luces y sombras que se veía obligado a llevar. ¡Tenía tantas inquietudes y anhelos!... Todavía era todo demasiado difuso e indefinido y sólo cuando se refugiaba en su interior, hallaba paz y cesaba la tribulación. Sin siquiera lejanamente sospecharlo, estaba aprendiendo ya algo que años después él enseñaría a sus discípulos: el refugio se halla dentro de uno mismo.

Juventud

De manera que el desinterés del príncipe Siddharta por los estudios y por los deportes iba en aumento. Asimismo, cada vez era mayor su inapetencia por las fastuosas fiestas del palacio y por las sugestivas concubinas. A menudo se quedaba pensativo, ausente de todo, y colmado de dudas que ni siquiera podía formular en conceptos y mucho menos responderse. De pronto le invadía la tristeza y se le veía taciturno, paseando por los largos corredores del palacio. Mostraba tal apatía hacia las competiciones deportivas, y se evidenciaba tan holgazán con respecto a los estudios, que todo el reino había comenzado a hacer comentarios sobre la indolencia del príncipe.

En cambio, Siddharta gustaba de permanecer solo, abocado en su interioridad, cuestionándose la forma de vida que llevaba y que le tocaría llevar el resto de su existencia, aunque se sentía incapaz de hallar un rayo de luz en la espesura de su mente joven y perturbada. Por las noches conciliaba el sueño con dificultad, y al amanecer se formulaba toda clase de preguntas que no sabía responder. A veces se sentía muy triste y solo, sin ningún confidente al que contar sus cuitas, y la vida en el palacio comenzaba a entristecerle. ¿De qué le servirían los aguerridos torneos en los que los más intrépidos consumían inútilmente sus energías? ¿En qué le consolaban los vanos estudios si no facilitaban ninguna respuesta a sus reflexiones? ¿Cómo le ayudaban las noches de lujuria en compañía de lúbricas concubinas que se emborrachaban hasta perder el sentido? En las noches apacibles y silentes del jardín del palacio, bajo un cielo estrellado, el príncipe paseaba sin dejar de meditar, anhelando conocer otros mundos insospechados pero tal vez intuidos, reclamando para su corazón una paz que tan sólo presentía.

A menudo, incitado por una fuerza muy poderosa que le resultaba ignota, estaba tentado de solicitar permiso a su padre para viajar fuera del palacio. ¿A dónde? Ni siquiera él podía imaginarlo, pero cualquier sitio se le antojaba apetecible con tal de abandonar esa vida meliflua y artificial que estaba obligado a llevar. Pero era tal el cariño que sentía por el monarca y hasta tal punto lo veía ilusionado con su glorioso destino, que no se atrevía a insinuarlo siquiera. De ese modo se debatía entre dudas y zozobras, hasta el punto de que apenas podía ocultar su tribulación a las gentes de la corte.

Entre los muros de aquel palacio de Kapilavastu, el príncipe fue sumando años. De adolescente se había convertido en un joven cuyo carácter desconcertaba a todos y preocupaba profundamente a su padre. Cuando Siddharta estuvo a punto de cumplir los dieciséis años, los colaboradores más cercanos del monarca le aconsejaron:

—Señor, ¿no es llegado el momento de que el príncipe se despose? Va a cumplir dieciséis años y deberá tomar esposa para daros un nieto que custodie la continuidad del reino. No debemos dilatar tal acontecimiento, vuestros súbditos esperan impacientes.

El monarca acogió con agrado el consejo.

¿Acaso no era ésa la mejor manera de retenerlo en palacio y de hacerle asumir sus obligaciones de príncipe, y en su día de monarca? ¿No era el mejor modo de sacarlo de su apatía y de que pudiera hallar motivación y entusiasmo en una encantadora princesa?

Suddhodana urgió a sus más cercanos colaboradores para que fueran buscando una esposa para su hijo y se dispusiera la ceremonia. Pretendía hallar un buen número de candidatas y que el príncipe seleccionara una de ellas. Pero el monarca había decidido antes consultar a su hijo.

Un día, el príncipe Siddharta fue llamado a las estancias de su padre. Hijo siempre afectivo y entrañable, Siddharta se dejó abrazar con placer por el monarca, y le devolvió el saludo. Era consciente de los desvelos que provocaba en su padre y amaba a ese hombre con el que no podía comunicarse, pero que siempre había anhelado lo mejor para él.

—Siddharta, querido hijo —dijo el monarca—, han venido a verme mis consejeros, hombres de bien, y me han hecho ver la necesidad de que vayas pensando muy seriamente en tomar esposa.

No hay duda de que debió de ensombrecerse el rostro del muchacho. Si justo había algo que él en ningún momento hubiera pensado era en desposarse: ¿no tenía ya suficientes grilletes, aunque fueran principescos, para añadir uno más? De momento no replicó, pero su silencio expresaba su abierta desaprobación.

—Siddharta —insistió Suddhodana—, debes tomar esposa. Eres mi único hijo, el príncipe heredero, y sólo tú puedes proporcionarme un nieto para que a su vez te suceda a ti.

Entonces el joven príncipe, alarmado por la insistencia y la determinación inquebrantable de su padre, se decidió a hablar:

—Pero, padre, aunque hiera tu noble corazón, debo decirte que no está en las intenciones del príncipe tomar esposa, ni ahora ni tal vez nunca.

—Es una insensatez lo que oigo —replicó el rey—. ¿No sabes que tu deber es asumir tu destino, gobernar cuando yo falte y cuidar de tu reino? Es necesario que anunciemos a las más sobresalientes familias sakyas tu decisión de contraer matrimonio. Deben enviarnos a palacio a sus hijas para que puedas contemplarlas y elegir a aquella que te resulte más bella, delicada y abnegada.

Siddharta volvió a guardar silencio. No encontraba en su mente ni en su corazón una sola razón para contraer matrimonio. Sentía todos sus deberes de príncipe ajenos, y, es más, trataba de burlarlos. Cada día se había ido haciendo más consistente el presentimiento de que nunca sucedería a su padre en el reino. Este presentimiento le hacía sentirse más confortado y libre, pero no había hecho partícipe a nadie de él.

Como el monarca había percibido el notable desinterés de su hijo por desposarse, le envió a sus propios consejeros, no sin antes indicarles que cada día hallaba más extraño su carácter. Fue así que los más relevantes cortesanos del reino fueron a hablar con el príncipe. Encontraron a Siddharta serio y ausente, incapaz de disimular su fastidio juvenil por tener que acceder a los consejos de aquellos hombres incondicionales a su padre, pero absolutamente ajenos a él.

—Señor —dijeron casi al unísono—, no osaríamos jamás recordaros vuestros deberes como príncipe heredero, pero...

—Pero me los vais a recordar —dijo irónicamente Siddharta.

—Señor, muy pronto vais a cumplir dieciséis años; ¿no es hora ya de pensar en hallar una bondadosa esposa que os acompañe de por vida y os proporcione un hijo sano e inteligente, un digno sucesor?

—Os estoy agradecido por vuestro interés y lealtad —repuso el príncipe—, y prometo daros una contestación en siete días; debo reflexionar.

Durante unos días Siddharta no abandonó su estancia; se encontraba verdaderamente consternado. ¿Por qué debía casarse? ¿Por qué tenía que tomar como esposa a una doncella sakya, cuando lo que a él en realidad le apetecía era pasear a solas por el jardín y llenarse del universo en las noches perfumadas de Kapilavastu, bajo el infinito cielo estrellado? No quería compañía, ni necesitaba una persona con la que compartir sus inquietudes ni en la que ahogar sus zozobras. La felicidad que hallaba en su reconfortante silencio interior, ¿podría proporcionársela alguna mujer, por bella y ardiente que fuera? En cuanto a la pasión juvenil, cada día menos intensa, la quemaba con las voluptuosas concubinas. Tal vez, sí, quedaba el anhelo de conocer a una joven tierna como una gacela y dulce como el néctar de la caña de azúcar; una mujer de corazón limpio y mirada candorosa, que pudiera restañar, al menos, algunas de las heridas que sus dudas e incertidumbres le provocaban. Pero ¿encontraría a una mujer así? ¿Podría hallar a una joven que le entendiese más allá de las palabras, a una princesa que leyera en los ojos de quien busca sin encontrar, y que al instante supiera que él no era un príncipe superficial y extraviado en diversiones palaciegas?

Todas las personas del palacio estaban preocupadas por la actitud del príncipe, que no abandonaba para nada su estancia y que, una vez tras otra, rechazaba los alimentos que le llevaban. Enterado el monarca de la situación, él mismo se presentó en la estancia de su hijo, y le recriminó de este modo:

—Siddharta, tu proceder nos alarma y nos desconcierta. He mandado emisarios por todo el reino para anunciar a las más nobles familias sakyas que el príncipe busca esposa. He pedido que envíen a sus hijas a palacio para que puedas conversar con ellas, contemplarlas y decidir cuál será tu consorte.

—Padre —replicó el príncipe—, tú quieres trazar la senda de mi vida y no está en mi destino seguirla. ¿Por qué voy a ocultarte que no hay nada en palacio que esmalte las heridas de mi corazón? ¿Por qué no voy a decirte que no siento la menor inclinación hacia los estudios, ni interés por las artes marciales, ni pasión por las concubinas, ni deseo de asumir mis obligaciones cortesanas? ¿Debe un hijo mentir a su padre o disfrazarle la verdad? Dentro de mí surge un mensaje tan sutil que no logro descifrarlo, y un anhelo tan incierto que no consigo sondearlo. Pero sé, y sé bien, que no quiero entregar mi vida ni mi hálito a las intrigas del palacio ni a las obligaciones del reino. ¿Debo ocultarte que donde hallo la felicidad es en el retiro de mi estancia o en la paz del jardín, cuando en las madrugadas mi alma se remansa?

Finalizada la confesión de Siddharta, el desánimo, el descontento y la irritación se apoderaron del monarca. Su propio hijo le hablaba de forma descarada, y pretendía huir de los deberes de su rango.

—En pocos días tendrás que inclinarte por una de las doncellas. Los emisarios ya están haciendo llegar las invitaciones a las familias nobles. De todos modos, y por tu bien, Siddharta, te aconsejo que les hagas saber qué características deseas para tu esposa.

Sin disimular su irritación, Suddhodana abandonó la estancia. Entristecido por la firmeza de su padre, el príncipe reflexionó sobre la que sería su esposa idónea. En una hoja escribió que deseaba una esposa tierna y sensible, religiosa y comprensiva, joven y bella, sin inclinaciones a las fiestas, inocente y amorosa, amiga y amante, y desconocedora de cualquier sentimiento de celos, envidia o arrogancia. Hizo llegar la hoja a los emisarios y les pidió que seleccionaran mujeres dentro de esas características.

Pero con la misma facilidad con que el azúcar se disuelve en el agua, y con tanta rapidez como la de una estrella fugaz al surcar el firmamento, había llegado a las familias nobles no sólo la noticia de que el príncipe quería tomar esposa, sino de que era indolente en los estudios, apático en el deporte y desganado en las artes marciales. Aunque todas las familias sakyas deseaban fervientemente desposar a una de sus hijas con el heredero del reino, se negaron a enviarlas. Para no desairar del todo al monarca, alegaron que no les hacía felices entregar a su hija a un príncipe holgazán, huraño, perezoso y que ni siquiera sabría defenderlas adecuadamente en caso de guerra, ya que él mismo había dejado todo entrenamiento marcial. Ni que decir tiene hasta qué punto el monarca se sintió abatido y descorazonado. El que pensaba que todas las doncellas de Kapilavastu correrían prestas a conocer a su hijo y anhelarían desposarse con él se encontraba ahora con que las más nobles familias se negaban a mandar a sus hijas. ¿Cómo era posible? No sólo había enviado emisarios a dar la noticia, sino que había dado orden al gran sacerdote oficiante, y a su asesor espiritual, para que fueran de casa en casa buscando a la doncella que reuniese las cualidades apuntadas por su hijo. Brahmán de brahmanes, el sacerdote más importante del reino, con la hoja de palma en la que el príncipe dispusiera las cualidades para su futura esposa, había ido de familia noble en familia noble. Atónito, había recibido siempre los mismos comentarios:

«¿Cómo dar a nuestra hija a un príncipe indolente y holgazán?», «¿Cómo confiar a nuestra hija a un hombre que no sabe tomar las armas y que no podría defenderla?». Herrumbrado el ánimo, el sacerdote le narró al monarca lo sucedido con toda suerte de detalles. Aquello supuso unas horas amargas para el recto Suddhodana, en especial cuando el brahmán de brahmanes, conocedor de todos los secretos de lo insondable, anunció al monarca que entre todas las doncellas visitadas había hallado la ideal para el príncipe. Se trataba de la bella y tierna Gopa Yasodhara, que con cándida firmeza declaraba ser ella la mujer que reunía las cualidades que requería el príncipe y que había leído en la hoja de palma. Además de entrañable y hermosa, Gopa era instruida y franca. El rey se sentía desesperado. «Cómo es posible que los nobles osen no ofrendar a sus hijas al príncipe?», se preguntaba.

Imaginemos ahora una noche quieta, de un silencio perfecto, en el pacífico reino de Kapilavastu, envuelta en el olor de los jazmines y bajo el cielo estrellado de la planicie india, no lejos de la cordillera himalaya. En una noche así, Suddhodana, sin poder conciliar el sueño ni ahogar su pena en los brazos de su concubina favorita, decidió acudir de nuevo a la estancia del príncipe. Para su sorpresa, no encontró a su hijo dormido, sino sumido en una especie de arrobamiento, ausente de todo y presente de nada.

—¿Te ocurre algo, padre? —preguntó Siddharta, preocupado tras salir de su estado de sublimidad.

—Se me parte el corazón, Siddharta querido. Desde que murió tu madre, ¿acaso he hecho otra cosa que proporcionarte bienestar, lujos, placeres y gratas compañías? ¿No he dispuesto para ti de los más sagaces mentores y aguerridos profesores de artes marciales? ¿No se te ha instruido con paciencia en las artes, las letras, la música, la caligrafía y la lengua?

Mientras hablaba había una infinita tristeza en la mirada del monarca. Sus ojos estaban empañados por las lágrimas. ¿Cómo podía Siddharta no sentirse emocionado por esa mirada, por esos ojos?

—Deja de sufrir, padre —dijo el príncipe—. Ya me han comunicado los consejeros que los jefes sakyas me consideran frágil e indolente, nada deseable como esposo para sus hijas. Pero no los censuro por ello; ¿cómo podría hacerlo? Ellos fueron educados para vencer en batallas sin compasión, o para ganar torneos sin amor; fueron educados para quedar ahítos de lascivia en los fogosos brazos de sus concubinas, y para disfrutar sin freno de la comida y el alcohol. No, padre, no los censuro, ni tampoco quiero ser yo tu fuente de pesadumbre. Ya veo que los jefes sakyas disponen de sus hijas para aquellos que destacan en la arquería y en otras artes marciales. Anhelan hombres educados en las armas, ignorando que no hay mayor conquista que la de uno mismo.

Según las costumbres de la época, y a pesar de que en la India había una corriente muy poderosa de místicos y buscadores de lo Inefable, el monarca no podía comprender, ni mucho menos aceptar, que su hijo se despreocupara así de los deberes de su clase. Se le había prevenido de que Siddharta no era un muchacho ordinario y que en él, desde la más temprana edad, se hallaba el germen de la búsqueda mística y de la liberación. Pero Suddhodana no quería ver ni entender. Imaginaba a su hijo en el papel de monarca universal;

como un poderoso e intrépido rey, respetado por todos sus súbditos, embarcado en la conquista de otros reinos, y, sobre todo, custodiando el propio y defendiéndolo de sus desaprensivos y batalladores vecinos. De modo que, al contemplar la tristeza de su padre, Siddharta le dijo:

—Padre, organiza un torneo de hoy en siete días y hazlo saber a los jefes sakyas. Pídeles que envíen a sus hijos más intrépidos a competir. No te dejaré en mal lugar. Yo no creo en otra victoria que no sea la que tiene lugar sobre uno mismo; pero competiré por darte gusto.

—Mientras tanto —intervino el monarca emocionado—, yo encargaré a los joyeros que fabriquen las más primorosas joyas para obsequiar a las doncellas nobles cuando las reunamos. Podrás contemplarlas y elegir a la que sea de tu agrado; te dará hijos y yo tendré nietos. La felicidad volverá al corazón de todos nosotros.

El rey convocó a los hijos de las nobles familias sakyas, todos ellos perfectamente adiestrados en las artes marciales. A lo largo de siete días, Siddharta se instruyó sin descanso en todas las actividades guerreras. Se entrenó, sin tregua, en el arte de la arquería, en el de la esgrima y en el de la lucha cuerpo a cuerpo. Sus maestros le mostraron las estratagemas de la competición, le hicieron partícipe de todas sus artimañas y le exigieron velocidad, destreza y contundencia. Con sorprendente disciplina para todos los que conocían su desinterés por las artes marciales, Siddharta se entrenaba día y noche, y apenas dormía. Se alimentaba bien, curtía su cuerpo con aceites estimulantes y afinaba su atención.

Pasados siete días, Kapilavastu despierta con alborozo, pues por fin se va a celebrar el gran torneo de los hijos de las familias nobles. La expectativa es enorme, y nadie confía en las posibilidades de Siddharta, pues todos saben que durante muchos meses no ha hecho otra cosa que estar meditabundo y ausente. Se presentan en el campo del torneo nada menos que quinientos jóvenes atléticos y confiados, todos ellos adiestrados en las artes marciales, competidores recios e incansables. Una abigarrada multitud acude a presenciar la contienda. Apuestos y aguerridos, los guerreros menosprecian las posibilidades de Siddharta. ¿Cómo comparar sus cuerpos atléticos, ágiles y fibrosos con el del príncipe, poco musculado y apenas sometido a entrenamiento bélico? Entre los arrogantes nobles se encuentran varios familiares de Siddharta. Allí están su hermanastro Nanda y sus primos Ananda y Devadatta.

Haga el lector un esfuerzo de memoria para recordar estos nombres, pues los dos primos desempeñarán de manera especial, y por causas muy distintas, papeles de mucha relevancia en la vida del Buda. Devadatta estaba ansioso por entablar la liza y ridiculizar a Siddharta, por el que siempre había mostrado mucha animadversión. ¿Por qué? Años atrás, cuando tenían doce años, Devadatta había herido con una flecha a una oca. No contento con ello, quería rematarla, pero Siddharta se opuso a sus intenciones, cogió a la oca, la cuidó con amor y logró sanarla. Devadatta sintió herido su orgullo y durante años había alimentado sin freno su antipatía hacia el príncipe. Deseaba, con motivo del torneo, poder someterle y demostrar en público su fragilidad. Pero tal era su anhelo de venganza sobre Siddharta, que ni siquiera pudo esperar a enfrentarse a él en batalla. Enfureció a un enorme elefante y lo lanzó contra el príncipe.

Pero su hermano Nanda descubrió la estratagema y evitó cualquier riesgo para Siddharta. Éste elogió a Nanda y se lamentó de la acrimonia de Devadatta. Pero ésta no será la única ocasión en la que el perverso primo atente contra su vida; más adelante, cuando se haya convertido en un Buda, volverá a atentar contra él.

A lo largo de la mañana tuvieron lugar los juegos marciales. Con una habilidad excepcional y rapidísimos reflejos, Siddharta fue venciendo en combate a todos sus contrincantes. El monarca no cabía de gozo en sí mismo; los jefes sakyas no salían de su asombro y todas las nobles doncellas suspiraban por este joven apuesto y deseado. Uno tras otro fueron superados todos los aguerridos participantes, hasta que sólo el príncipe Siddharta quedó invicto. Finalizado el combate, fue intensamente vitoreado y felicitado. Los jefes de las familias sakyas declararon que para ellas sería un honor enviar a sus hijas a palacio para que el príncipe las contemplara.

Así de cambiante es la fortuna (como muy bien entendería luego Siddharta, ya Buda, al columbrar las redes del destino y mostrarse ecuánime ante la ganancia y la derrota): los que unos días antes descalificaban al heredero y se negaban a presentarle a sus hijas ahora codiciaban su matrimonio con el joven príncipe. Claro es que ninguno intuía el destino de Siddharta, ni, tampoco, que no hubiera mujer en todo el orbe que pudiera mitigar, y mucho menos extinguir, sus afanes de búsqueda. Siddharta tenía sus miras puestas mucho más allá de los sólidos muros del palacio; más allá del rostro hermoso y sugerente de una princesa; más allá, incluso, de todo el fasto que le rodea y del inmenso poder que le aguarda a la muerte de su padre.

Años después, siendo ya un completo iluminado, comentará a sus amados monjes los placeres que Suddhodana le facilitaba y la confortable forma de vida que le fue dado llevar, y les explicará cómo había renunciado a todo para hallar lo que realmente es Todo; cómo había cortado con sus lazos sociales y familiares para emprender la larga, inmensa, solitaria, pero prometedora, vía hacia lo incondicionado.

La boda con la
Princesa Yasodhara

Siddharta se había ataviado con sus prendas más primorosas, como corresponde a un príncipe que va a conceder audiencia a las hijas de las más destacadas familias nobles. Se perfumó con el sándalo más fino y oloroso y se encaminó hacia el fastuoso salón de recepciones.

¿Qué pasaría en aquellos momentos por la mente del joven príncipe cuyos sueños nada tenían que ver con la corte y cuyos ideales eran opuestos a los de reinar un día? ¿Cómo se sentiría su ánimo al verse obligado a tomar esposa, él, que quería liberarse de toda atadura humana para caminar en pos de la libertad suprema?

Siddharta jamás había conocido el dolor, y tampoco sabía que existiera. Ni siquiera la ausencia de su madre le había afectado, porque desde que era un bebé había sido exquisitamente cuidado por su tía. Pero, a pesar de haber vivido de espaldas a la sombra del sufrimiento, sentía insatisfactoria y estéril la vida que llevaba, y en lo más íntimo de su ser aspiraba a otro modo de vivir y de sentir. Mientras caminaba parsimoniosamente hacia el gran salón de recepciones, y trataba de asumir el momento de su destino inexorable, todo tipo de pensamientos le pasaban por la mente. Había cumplido dieciséis años y su padre le había hecho toda clase de presentes. Aunque no podía comprenderle, era un hombre bueno y justo. ¡Estaba tan orgulloso de su hijo tras haber demostrado cuán hábil era en los torneos! Además, creía con firmeza que, desposando a Siddharta, los antiguos presagios no se cumplirían. Todo lo tenía Siddharta a su favor: era hermoso entre los hermosos y, aunque detestaba los estudios, era inteligente y sensible. Todos pensaban ahora que llegaría a ser un buen rey... Todos, menos él mismo.

Cuando se abrió la puerta del gran salón de recepciones, cuidadosamente adornado para la ocasión, una exclamación rasgó el silencio hasta entonces contenido. Algunas doncellas dejaron escapar un sutil, pero sentido suspiro; el corazón de otras se alborozó e incluso alguna tuvo un vahído y hubo de ser asistida. ¡Cuán hermosas estaban aquellas doncellas! Exhalaban olor a jazmín y sus mejillas eran sonrosadas como las manzanas de los generosos frutales del reino. Algunas se mostraban tímidas, huidizas, pero anhelantes; otras, más distendidas, eran hasta descaradas, y pretendían reclamar la atención del muchacho. Las jóvenes, exquisitamente ataviadas, formaban hilera. Si hubiéramos podido escuchar sus corazones brincando en sus pechos, una sinfonía de ilusión y esperanza ensordecería nuestros oídos. ¡Cuánta urgencia del príncipe, cuánta ansia, cuánta ensoñada pasión! Se había logrado reunir a las mujeres más bellas de la India. Siddharta paseó su mirada por todas ellas, y en verdad que todas eran deseables. ¿Qué joven de dieciséis años no anhelaría dejarse abrazar por los tiernos brazos de esas doncellas entrenadas para mimar y hacer las delicias del hombre que las correspondiese?

Una enorme bandeja fue depositada en las manos del príncipe. Él mismo debía entregar, en persona, los obsequios a las damas. Eran joyas muy valiosas: las esmeraldas más transparentes, los diamantes más perfectamente tallados, los rubíes más llamativos y los zafiros más insuperables. Pausadamente, con la distinción inherente a su linaje, Siddharta fue pasando frente a las doncellas y entregándoles el presente que a cada una correspondía. A la vez conversaba unos instantes con ellas, y conocía su nombre y linaje. Una a una fue mirando sus ojos de noche inmensa (como son los ojos profundos de las mujeres indias) y cómo se teñían de rubor sus jóvenes mejillas. Si sólo se hubiera tratado de valorar la belleza exterior, cualquiera de esas jóvenes habría podido ser elegida. La mayoría eran deslumbrantemente hermosas, de finos rasgos, piel cuidada, embriagador perfume almibarado y expresión capaz de turbar al más indiferente. Pero Siddharta sabía que la belleza sólo tiene el espesor de la piel. Deseaba una mujer bella, sí, pero con la sensibilidad de una diosa y la agudeza de una ninfa. Cuando llegó hasta donde se hallaba la última doncella y fue a tomar su regalo, descubrió alarmado que, por un error de cálculo, no quedaba ningún presente. Se sintió desconcertado, y sus ojos se clavaron en los ojos abismales de la dama que estaba frente a él. ¡Dios mío, qué mirada! Era indescriptiblemente bella y más sugerente que las más sugerentes orquídeas himalayas. Al punto se le quebró la respiración y sintió que su corazón se agitaba como el de un cervatillo temeroso. La fascinante doncella era Gopa Yasodhara, de uno de los principales linajes de la India. Cuando Siddharta fue a disculparse, ella se apresuró a decir antes de que el príncipe pudiera despegar los labios:

—Señor, no te inquietes, por favor, porque tu presencia es el mejor obsequio para mí.

Siddharta ordenó que le trajeran la gargantilla más perfecta que pudiera hallarse, una joya de gran belleza. El príncipe la cogió entre sus manos y la colocó, cuidadosamente, alrededor del cuello amarfilado de la doncella.

—Señora —dijo en un susurro apenas audible—, al obsequiarte con este presente, te hago entrega no sólo de mi lealtad, sino también de mi corazón. ¿Puedo conocer tu nombre?

—Soy Yasodhara, hija de Suprabuddha y Panita, reyes de los kolyas.

De modo que Yasodhara no era del clan de Siddharta, sino de un clan vecino. La boda, pues, no sólo gratificaba a los jóvenes, sino que serviría para mejorar las relaciones entre ambos reinos.

Siddharta, por primera vez en su vida, sintió una corriente de amor que le turbaba y abrasaba. Se entregó a ella con la pasión de un cuerpo joven y de una mente sensitiva. Estaba realmente impresionado por la belleza y delicadeza de Yasodhara. Aunque su deseo no era desposarse, de hacerlo sólo sería con esa joven exquisita. Así se lo hizo saber al monarca, que pidió, para su hijo, la mano de la joven y, una vez concedida, se fijó la fecha para los esponsales.

Como es habitual en la India desde tiempos inmemoriales, los astrólogos hicieron el horóscopo a los jóvenes y los compararon. No sabemos qué vieron, pero cuando no se opusieron es porque debieron de interpretar que eran muy compatibles. Las leyes inexorables e inescrutables del karma conducían al príncipe Siddharta a una boda que no había deseado, pero que aceptaba ahora no con resignación, sino con verdadera satisfacción, porque la tierna, entrañable, fascinante y amorosa Yasodhara iba a ser su oasis en el desierto que suponía la vida en el fastuoso palacio. Si el rey estaba contento, creyendo que había recuperado para siempre a su hijo y que le sucedería en el trono, Siddharta, olvidando por el momento sus inquietudes, estaba alborozado por haber encontrado tan gentil compañera. En seguida comenzaron los preparativos de la boda.

Debido a que las tradiciones se han mantenido similares en la India desde aquellos tiempos a los que la memoria no alcanza, cabe suponer que el ritual de los esponsales sería muy similar al actual. Y mientras los preparativos tenían lugar, en las silentes noches de Kapilavastu, el joven príncipe ya no sólo soñaba en convertirse en un peregrino hacia la suprema libertad, sino también en sentir junto a su cuerpo el cuerpo caliente y perfumado de su amada.

Siguiendo la tradición, hubo de fijarse la fecha de la boda astrológicamente, buscando el día más propicio para las pompas nupciales. La noticia se propagó por todo el reino. No cabe duda de que se siguieron los rituales hindúes para el matrimonio, con las oblaciones al fuego, los siete pasos que debe dar la mujer conducida por su esposo, la unión de las vestimentas, el traslado del fuego doméstico, las circunvalaciones y otros ancestrales aspectos sacramentales.

El día de la ceremonia nupcial acudieron príncipes y monarcas de los diferentes reinos. La boda se celebró con enorme fasto. Gran número de camellos, elefantes, caballos y palanquines sirvieron de transporte. Las mujeres iban ataviadas con sus más exquisitos vestidos, perfumadas y llamativas. Había una legión de sirvientes y criados siempre solícitos. Se llevaron para la fiesta a los mejores músicos del reino y a las más gráciles danzarinas. Se sirvieron los más sabrosos manjares jamás imaginados, y las frutas más exóticas y aromáticas. El monarca colmó de regalos a los desposados y, todo hay que decirlo, puso a disposición del príncipe, como era habitual en tales circunstancias, un gran número de voluptuosas y apetecibles mujeres dispuestas a ofrecerle sus favores y habilidades en cualquier momento en que el joven los requiriese. Eran concubinas provocativas y expertas en el milenario arte del amor, capaces de embriagar los sentidos a cualquier hombre.

Los príncipes tenían la misma edad. Tan ilusionados estaban el uno con el otro el día de su boda, que no tenían tiempo de contemplar los fabulosos regalos que recibían de monarcas, príncipes y nobles. Estaban absortos el uno con el otro. ¿Qué atención podía dedicar Siddharta en ese momento a las espléndidas mujeres, de procaces y redondeadas formas, con que su padre le agasajaba? El joven heredero sentía el agradable vértigo que le procuraba la cercanía de su amada y presentía que tenerla entre sus brazos no sólo sería una bendición de los *devas*, sino un torbellino de caricias, besos y ternuras sin límite. Y la hermosa, entrañable y tierna Yasodhara estaba a su lado, como una orquídea temblorosa de pasión, esperando a ser tomada y cuidada por las delicadezas y atenciones de su jardinero.

Llegaron días, semanas y meses de pasión, dicha, complicidades y caricias. Siddharta fue descubriendo, lentamente, sin compulsión, las magníficas cualidades de la joven princesa. Tenía un corazón delicado y compasivo, era la primera en levantarse y la última en acostarse, y siempre estaba dispuesta a atender las necesidades de su esposo. Era armoniosa y cálida, una leve y deliciosa sonrisa esmaltaba sus labios; se mostraba discreta, pero nunca lejana, siempre capaz de encontrar la palabra oportuna para reconfortar a Siddharta o de hallar el conveniente silencio para no interrumpir sus pensamientos. La princesa amaba al príncipe, y éste le correspondía: había hallado en ella a una mujer no sólo atractiva y tolerante, sino de una gran belleza interior. Los jóvenes se entregaron a una gran pasión; fueron aquéllas noches de carne y espíritu, donde uno a través del otro descubrieron el gozo, las caricias de los cuerpos y de las almas. Siddharta conoció el fuego de la pasión y el vértigo del abrazo, el apego de los sentidos y el poder de la lujuria.

Y así discurría el tiempo, entre los más refinados lujos y con todos los placeres a su alcance, deleitando los sentidos: suculentas comidas, danzas y juegos, ópera y festines, y en las perfumadas noches de Kapilavastu, el cuerpo tibio de la princesa a su lado. Pero, a pesar de ello, Siddharta no conseguía evitar una profunda insatisfacción, y a menudo se sentía abatido por una existencia que se le presentaba carente de significado, como un carnaval sin sustancia alguna, como la espuma que al cerrar el puño provoca una sensación de vacío.

Siddharta amaba a Yasodhara, la más encantadora de las damas del reino, y disponía de cuantos lujos pueden imaginarse, de un centenar de fogosas concubinas y de una legión de sirvientes. Para cubrir su cuerpo tenía prendas que eran como tesoros y se le servían los manjares más exquisitos. Pero no alcanzaba la paz ni la certidumbre, no se tenía ni se encontraba a sí mismo, de modo que había en su joven cabeza muchas preguntas sin respuesta, y en su corazón, no pocas tribulaciones e interrogantes. Todo aquel lujo, aquel fasto desmesurado, no podía ahogar sus inquietudes místicas, sus anhelos de lo Inmenso, y tampoco el universo de embriagadoras sensaciones que le proporcionaba su amada podía mitigar el ansia de su pensamiento. Sentía un anhelo de búsqueda, pero no acertaba a comprender qué buscaba. Cuando su tristeza se hacía profunda como un pozo sin fondo, Yasodhara colocaba su mejilla sutil y cálida junto a la suya para transmitirle consuelo y amor. El joven príncipe permanecía abstraído y, aunque no conocía nada más que los lujos refinados que le rodeaban, intuía tal vez otros mundos, otras formas de vida. Era como un presentimiento..., pero ¿de qué o por qué?

Las fiestas se prodigaban en palacio. Se organizaban competiciones deportivas, torneos marciales, representaciones de cómicos... La pareja disponía de tres palacios para unas u otras épocas del año, con numerosas dependencias. Contaban con un servicio muy numeroso y siempre había dispuesto un nutrido y variado harem para el príncipe. Cuando Siddharta se sentía en una congoja insuperable, hacía llamar al brahmán más sabio y le interrogaba. Las preguntas se sucedían: «¿Por qué no siento paz?», «¿De dónde viene esta incertidumbre que me abrasa?», «¿Por qué en sueños se me repiten escenas que jamás he vivido?», «¿Por qué tengo intuiciones que me asaltan y que parecen venir de la noche de los tiempos?»... Las explicaciones del brahmán no le satisfacían, y tampoco los rituales doméstico-religiosos, ni la recitación de mantras, ni las plegarias reclamando el favor de los dioses.

Siddharta no hallaba la calma profunda, inconmovible e inefable que suponía que debía de existir en alguna parte. Sabía del deleite de los sentidos, de la abrasadora pasión de las caricias, de la diversión de los soberbios espectáculos que el monarca disponía, pero todavía no conocía la paz de la mente ni la plenitud del corazón. Sus inquietudes místicas iban en aumento, pero no podía descifrarlas y entonces, más que aliviarle, le atormentaban. A veces, era tanta su incertidumbre que en los jardines palaciegos comunicaba sus cuitas a la princesa, pero ésta, a pesar de su amor hacia Siddharta, no podía entender su desconsuelo. «¿Qué te falta, amado mío?», «¿Acaso no tienes todo lo que un hombre puede desear y alcanzar?», «¿Hay algo que yo, tu amada esposa, o cualquiera de tus súbditos te niegue?» Si las inquietudes que asaltaban al príncipe ni siquiera él podía comprenderlas, ¿cómo iba a poder la joven Yasodhara?

Los años transcurrían entre placeres, lujos, fiestas y acontecimientos plácidos. A medida que los príncipes ganaban en edad, Siddharta veía incrementar sus inquietudes. La pasión se iba inevitablemente desgastando, aunque Yasodhara continuaba siendo bonita como el nenúfar más hermoso, y más delicada que cuanto pudiera imaginarse. Con alguna frecuencia Siddharta tenía que asistir a las fiestas de los nobles caballeros con las concubinas. La gula y la lujuria, regadas con toda clase de licores, se prolongaban hasta el amanecer. Eran noches de desenfreno que no cesaban hasta dejar ahítos los sentidos y embotada la mente. El espectáculo, de madrugada, llegaba a ser grotesco, pero la conciencia del príncipe no se embotaba tanto para no seguir experimentando vacío e inquietudes, lo cual no es de extrañar si consideramos que, de acuerdo con la tradición budista, Siddharta había pasado ya por innumerables existencias, que le habían dejado en el subconsciente profundas vivencias místicas y aprendizajes espirituales. Pero, aun así, el príncipe se sentía desgarrado sin adivinar la razón, y menos aún al comprobar la capacidad de diversión y la frivolidad contumaz de sus compañeros de francachela. Tras aquellas fiestas de inmenso desenfreno, y cuando llegaban los luminosos amaneceres de Kapilavastu, Siddharta paseaba su cansada mirada por la estancia y contemplaba a las mujeres desnudas y afeadas por la fatiga y la embriaguez, así como a sus compañeros descompuestos y agotados, el gesto torcido y los atavíos desaliñados. Tal espectáculo, sórdido donde los hubiera, le causaba un malestar insuperable. ¿Realmente era aquello la existencia humana? ¿Para sólo

eso servían los cuerpos y las mentes? ¿No había otro sentido, otro significado u otro fruto?

Una noche, poco antes del monzón, cuando el calor
era intenso y pegajoso, el cielo un manto cuajado de estrellas, y el aire olía a sándalo y a rosas, la tristeza, como un
buitre que se lanza implacable sobre la carroña, entró sin
aviso en el corazón del príncipe y éste creyó morir de sufrimiento. ¡Tantas preguntas, ninguna respuesta! Para mitigar su soledad humana, más que abrazarse fue a adherirse al
cuerpo de su amada Yasodhara. «¿Es esto la vida?», inquirió
el príncipe con un hilo de voz. Yasodhara besó sus sienes y
alisó sus cabellos. Ya era una mujer de veintiocho años y no
aquella jovencita a la que Siddharta había regalado la hermosa gargantilla. Era consciente de las inquietudes de su
esposo y, aunque no podía mitigarlas, le apoyaba con su cariño incondicional. Buscó sus labios y los besó con infinita
ternura. La pasión de los cuerpos se había ido desvanecien-
do como una gota de rocío con los primeros rayos del sol al
despuntar el día, pero prevalecía un gran amor entre los
príncipes. Se echaron en el lecho y perdieron las miradas en
el cielo estrellado. En la lejanía se escuchaban los mantras
de los brahmanes en sus ceremonias nocturnas. Lento pero
implacable fue viniendo el amanecer. Ninguno de los espo-
sos había conciliado el sueño. De repente, Siddharta
escuchó la voz tenue de Yasodhara:

—Señor —dijo—, estoy encinta.

El príncipe Siddharta Gautama besó con ternura a su
mujer. Todavía no había penetrado la luz en la cámara lo
suficiente para que ella pudiera ver que sus ojos se colma-
ban de lágrimas, pero no eran lágrimas de felicidad ni de

entusiasmo. Lo que a otro esposo hubiera agradado tanto a él le causaba un inevitable pesar, porque aquel hijo era el gran lazo que había que sumar a sus ataduras de hombre desposado y príncipe heredero.

Ese príncipe, cuya edad se aproximaba a los veintinueve años, tenía aparentemente todo, pero en realidad nada era suyo, porque ansiaba hallar el gran sentido que se le ocultaba. Al final, y tras darle la noticia de su embarazo, la princesa se había quedado dormida. Siddharta continuó escuchando aquellos mantras lejanos que eran una invocación a poderes más altos, a realidades más sublimes, a esferas sin límites...

El encuentro con el
Dolor y la Paz

Ni los refinados placeres, ni las fiestas hasta bien avanzada la noche, ni, mucho menos, el fasto en el que vivía Siddharta en una de sus tres residencias le proporcionaban la dicha, la calma que deseaba el monarca para su hijo. Como ha quedado ya dicho, Suddhodana le rodeó de cuantos lujos eran posibles para que el príncipe no supiera de las realidades amargas de la existencia. Y aunque Siddharta no las sospechaba siquiera, no podía dejar de sentirse inquieto, víctima de profundas contradicciones y a menudo pensativo y absorto.

A veces el príncipe, sirviéndose de su carro y de un fiel cochero, recorría las generosas extensiones de los jardines de sus palacios. Y fue un día como otro cualquiera, cuando Siddharta tuvo un súbito encuentro con el dolor: ¿se puede burlar siempre al propio destino? Después de ataviarse para la ocasión, a primera hora de la mañana, Siddharta ya estaba preparado para ir a pasear. Aquélla iba a ser su primera salida más allá del recorrido habitual. Su fiel cochero, Channa, le estaba esperando, así que el príncipe subió al carro y emprendieron la marcha.

Toda el área por la que solía pasear (que posiblemente hoy en día sigue siendo muy parecida y que el autor de esta obra ha tenido ocasión de conocer en profundidad) era apacible y tranquila, cercana a las estribaciones himalayas, pero en la planicie, y salpicada de pueblecillos simpáticos y hermosos árboles.

Con toda seguridad Siddharta se sentía reconfortado en estas salidas en solitario, tan sólo acompañado por su recatado cochero y libre de los condicionamientos palaciegos. La brisa le acariciaba el rostro en esas tempranas horas del día, y los arrozales se mostraban en todo su esplendor. Aquellas tierras eran fértiles y estaban bien cultivadas. Había hermosos jardines, densos bosques y espléndidos cultivos. De súbito, cuando Siddharta, extasiado, estaba contemplando el paisaje, Channa se vio obligado a tirar con fuerza de las riendas para detener a los caballos y no arrollar a un anciano que, atemorizado, cayó casi entre las patas de los animales. Detenido el carro, Siddharta descendió de él y se encontró frente a un hombre decrépito y debilitado, que apenas podía mantenerse sobre sus frágiles piernas. Era aquélla una mirada apagada, y las encías un trozo de carne renegrida y sin dientes. Como surcos profundos, las arrugas se dibujaban en ese rostro apergaminado e inexpresivo. Las carnes de ese hombre estaban resecas, y las venas se marcaban como si quisieran desprenderse de sus miembros.

Siddharta no podía creer lo que estaba viendo. La angustia aceleró su corazón y, con voz entrecortada, preguntó:

—Dime, Channa, ¿qué le ocurre a este hombre al que se aprecia tan maltratado?

—Es viejo, muy viejo, mi príncipe —dijo Channa—. Sólo es eso: es muy anciano.

Siddharta se sintió sobrecogido. No podía dejar de mirar al tembloroso anciano, cuyas piernas eran como estacas y cuyos ojos estaban cubiertos por una telilla blanquecina.

—Pero —replicó— este hombre se encuentra en un estado calamitoso. Apenas puede mantenerse en pie, está encorvado y ni siquiera sé si puede vernos.

—Tienes toda la razón, señor.

—Pero... —vaciló Siddharta— ¿por qué le ha sucedido esto?

—En una época, alteza, este hombre fue joven y esbelto como tú. Puedes estar seguro de ello.

Siddharta no salía de su asombro.

—¿Quieres decir, Channa, que este hombre fue alguna vez como nosotros?

—No lo dudes, mi príncipe.

—¿Me dices, Channa, que todos llegaremos a ser como este hombre tembloroso, arrugado como un papiro, sin color en la tez y de venas abultadas como cuerdas?

—Así se vuelve uno cuando se van sumando los años. El que envejece, señor, así se torna.

Siddharta no podía reaccionar. De manera que se envejecía y el cuerpo se volvía como un viejo carro desvencijado. Pensó: «¡Qué existencia tan vergonzante! ¡Nacer para convertirse en un cuerpo reseco y sin brillo, en un amasijo de carne y de huesos sin vitalidad ni movilidad! ¡Qué decadencia tan estrepitosa, tan horrenda!».

Profundamente apenado, volvió al palacio. En lo más abismal de sí mismo algo se había modificado, ya nunca volvería a ser igual. Siddharta había conocido en su paseo una realidad que nunca había tenido ocasión de arrostrar entre los muros del palacio. No todo era, por tanto, dicha y alborozo, ni juegos palaciegos y risas desenfrenadas, ni mujeres hermosas de carnes apretadas y jugosos labios. El príncipe estaba confuso; se recluyó durante horas en su cámara y se vio a sí mismo envejecido, tembloroso como el anciano que había contemplado, y cubierto de carnes feas y resecas.

Y cuando esa noche la bella Yasodhara le tomó entre sus voluptuosos y tersos brazos, imaginó a su adorada esposa también envejecida. ¿Qué sería del brillo de esos ojos expresivos, del color sonrosado de sus mejillas aterciopeladas, de esos dientes blancos como las perlas más preciadas y de ese cuerpo de carnes enceradas que invitaban a la caricia más placentera? ¡Por todos los *devas*! ¿Por qué nadie le había hablado de que se envejece hasta un grado tan penoso? ¿Por qué nadie le había explicado hasta qué punto se degrada un cuerpo humano? ¡Qué fuente de dolor, qué desdicha! De pronto, aparecieron en su mente todos los ancianos más ancianos de la tierra. ¡Cuánto dolor el de esas criaturas, incomprendidas por las que no han llegado a tal deterioro, ignoradas y apartadas! No había maquillaje, ni afeite alguno para poder disfrazar, levemente siquiera, tal decrepitud, semejante deterioro.

Transcurrieron unos días. Y un amanecer, Siddharta citó de nuevo a Channa para pasear en carro. El fiel escudero y el inquieto príncipe se encontraban ya en los frondosos bosques al despuntar el sol. Hasta entonces Siddharta no había dejado de reflexionar sobre la vejez, que según le había explicado su escudero era universal. Tras una buena galopada, Channa puso los caballos al paso. El clima era delicioso, los arbustos estaban en todo su esplendor y Siddharta comenzaba a sentirse muy a gusto entre el olor de las flores, la brisa apetecible, el murmullo de los arroyos... De repente, los ojos del príncipe vieron a un hombre arrojado al borde del camino. Era joven, pero su carne era amarillenta y su rostro estaba contraído en una mueca de dolor. Había vomitado sobre su propio cuerpo y se retorcía entre quejas y lamentos. ¡Qué espectáculo tan espantoso! Siddharta apenas podía pronunciar palabra, hasta que al fin pudo exclamar:

—¡Por todos los dioses, Channa, mi fiel amigo y escudero, dime qué le ocurre a este hombre! ¿Se trata también de un anciano?

—No es viejo, señor, tal vez ni siquiera alcance tu edad, pero está enfermo, terriblemente enfermo.

Pero Siddharta nunca había visto a una persona enferma en palacio. Su padre también había cuidado de que nunca conociera la realidad amarga e inevitable de la enfermedad. Lleno de zozobra, el príncipe preguntó:

Monje budista junto a un monasterio de Bután.

—¿Es propio de todo ser humano enfermar?

—Por supuesto, mi príncipe —repuso el cochero—. Nadie puede escapar a la enfermedad.

—¿Ni siquiera un príncipe? ¿Ni siquiera un rey o un emperador?

—Ni siquiera tú, mi amado y respetado príncipe —aseveró Channa.

Consternado, el rostro ensombrecido y las lágrimas a punto de emerger de sus ojos, Siddharta, pensó: «¡Qué pesadumbre, qué vergüenza, qué horror! Millones de seres un día estuvieron sanos y luego enferman. El mismo cuerpo es ya la enfermedad. No sólo decae y envejece, se deteriora y arruina, sino que también enferma, y nadie puede escapar a ello. También yo envejeceré y enfermaré. ¿De qué me sirven tantos lujos, prendas finas, sábanas de la mejor seda, solícitos sirvientes, apasionadas concubinas y toda clase de caprichos?».

Suddhodana había cumplido bien su cometido. Empeñado en que su hijo fuera monarca universal, poderoso entre los poderosos, rey de reyes, y temeroso de que la fibra mística del príncipe se avivase, le había ocultado con eficacia que en la existencia terrena hay dolor. Le había presentado tan sólo el rostro bellamente maquillado de una vida donde las criaturas envejecían y enfermaban. Al encontrarse Siddharta con una realidad tan cruel e inevitable, tuvo que conmocionarse, debió de reflexionar que nadie puede escapar a tales horrores. Se vio a sí mismo atacado por la enfermedad y supo de la inmensa soledad del ser humano, del pavoroso sufrimiento a que están sometidas las criaturas.

¿Cómo era posible tanta miseria? No podía apartar de su mente al hombre enfermo, exhalando un olor putrefacto, descoloridos los labios y los ojos, sin brillo, hundidos en sus cuencas. En su corazón de hombre al filo de los veintinueve años, se alternaban el miedo y la compasión infinita: un hombre podía conquistar todo el universo, pero no escapar a la vejez; era posible hallar los más apabullantes tesoros, pero no evitar la enfermedad. Sus prendas de la más fina y exquisita lana cachemira, ¿de qué servían entonces? Sus brocados de la seda más extraordinaria del Malabar ¿en qué le consolaban? Esmeraldas y rubíes ¿qué ayuda podían prestarle? Empezaba a comprender que los hombres sufrían y estaban solos; que no existía únicamente el placer dulce y embriagador que su padre le había mostrado con descaro, sino el dolor amargo que se ocultaba tras la máscara de la risa fácil y grotesca de los cortesanos.

La primera salida de palacio había enfrentado al príncipe con la realidad de la vejez. La segunda, con el fantasma de la enfermedad. Pero ¿y la tercera salida? Channa, el fiel escudero, el leal confidente y amigo, le esperaba, como siempre, cuando ni siquiera los primeros rayos de sol acariciaban el firmamento. Channa no era sólo un gran conductor de carros, sino algo más: un instrumento del destino para abrir los ojos del príncipe Siddharta y encararle con la realidad cruel e inevitable. No hace falta mucho para que el príncipe comprenda. ¡En su pasado ha vivido tantas existencias, tantos goces y sufrimientos, tantos lamentos! Al decir de la tradición budista, nada menos que treinta y dos budas del pasado habían vaticinado la llegada de Siddharta, que finalmente se convertiría en un gran iluminado.

¡Cuántas lágrimas había derramado en anteriores renacimientos, cuántas muertes había padecido, cuántos encuentros y cuántas separaciones!

Aterrado por lo que pudiera sucederle a su reino si Siddharta renunciaba a sus deberes, el monarca le había protegido de la realidad amarga. Pero la mente empañada del príncipe empezaba a desarrollar una nueva comprensión y a emerger de su neblina. ¿Acaso no había aspirado desde niño a la realidad que se disimula tras las apariencias? Todas sus tribulaciones y cuitas, sus largas noches de insomnio buscando respuestas y sus ensimismamientos, que tanto preocupaban a los consejeros reales, ¿no eran el indicio más que evidente de que este hombre no podría jamás sofocar en sí mismo la voz de lo Inefable?

La realidad que deparaba al príncipe la tercera salida del palacio es la más inevitable, cruda, irreparable y cierta. El palacio quedó pronto atrás. Los corceles rasgaban el viento del amanecer: pocos conductores tan sagaces, pocos escuderos tan leales como Channa. Siddharta posaba la mirada en esos campos hermosos, la mente vigilante y los sentidos abiertos como nenúfares. De súbito, vio a un grupo de personas, que llevaban a hombros unas parihuelas con un cuerpo humano. Advirtió que algunos gemían desconsolados, otros derramaban lágrimas sin cesar y otros, incluso, se lamentaban y maldecían.

—¡Detente, Channa! ¿Qué veo ahora? ¿Qué otra sorpresa lacerante como la hiel me depara la existencia?

Channa detuvo el carro. No quería decir nada; prefería guardar silencio, pero el príncipe le rogó que se explicara.

—Es un cortejo fúnebre, señor.

Siddharta saltó fuera del carro y se unió al grupo de personas cuyos rostros estaban desencajados por el dolor. Channa, leal entre los leales, se situó hombro con hombro a su señor. Entre tanto, Siddharta se confundió entre los campesinos. Se aproximó a las parihuelas y vio una figura humana, envuelta en un lienzo sobre el que había pétalos de flores. El rostro quedaba al descubierto, bien visible; estaba pálido e inerme, pero se apreciaba que era el rostro de un joven.

—Pero, Channa, dime sin demora: ¿por qué llora toda esta gente, por qué se lamentan, por qué llevan a ese muchacho a hombros y él permanece dormido? ¿También está enfermo, también es víctima de algún mal?

—¡Oh, señor! —exclamó Channa—. El cuerpo que llevan a hombros es el de un joven muerto. El cortejo está formado por sus amigos, parientes y vecinos. Ese joven no volverá a caminar, ni a hablar, ni a reír. Ese cuerpo no tiene vida.

—¿Muerto? —preguntó Siddharta lleno de extrañeza—. Sí, mi fiel escudero, mi madre murió, según me dijeron. Pero ¿qué es la muerte en realidad? No me digas que ese cuerpo que los hombres transportan no volverá a moverse jamás, que sus sentidos son como luciérnagas que se han extinguido, que la sangre no corre por sus venas y su corazón se ha apagado como la llama de una candela.

—Así es la muerte, señor. La energía que lo animaba lo ha abandonado. Pronto ese cuerpo se verá devorado por las llamas, y en unas horas no será más que un puñado de cenizas. Sus amigos y familiares lo han perdido para siempre.

—¡No puedo creerlo, Channa! —exclamó Siddharta presa de la angustia y del desconcierto—. ¿Dices la verdad a tu príncipe?

—Ésta es la verdad, señor. Es amarga como la brea, pero es la verdad que ya no puedo ocultaros más.

—¿Mueren muchas personas? —preguntó Siddharta.

Hubo un momento de vacilación en el fiel escudero antes de proceder a responder. El destino, o esas misteriosas coincidencias que denominamos como tal, le había utilizado para tener que anunciar al príncipe la existencia de la vejez y de la enfermedad. Ahora tenía que referirse al hecho más cierto, imprevisto, seguro e irreparable, que es la muerte.

—Si en una noche clara, señor, contáis todas las estrellas del firmamento y si multiplicáis el número que se obtenga por cien, mil, o cien mil, aun así, creedme, ha habido infinidad de muertes más.

El horror se reflejó en el rostro de Siddharta ¡Y pensar que su padre le había ocultado una realidad tan conmovedora!

—¿Quiénes mueren, Channa? ¿A quiénes toca la muerte?

—Todos morimos —repuso Channa—. Antes o después, en este reino o en otro, niños y ancianos, hombres y mujeres, humanos y otras criaturas, todos somos como ese cuerpo sin energía que ha visto mi príncipe. La muerte es para todos. Mendigos y monarcas, brahmanes y descastados, todos hallan la muerte. No perdona a nadie. En una noche luminosa, señor, ¿veis la luna? Si pudieran ponerse en fila todos los seres humanos muertos, esa hilera llegaría no una vez ni diez hasta la luna, sino mil y aun cien mil llegaría y volvería.

Siddharta se estremeció: «Es decir —reflexionó— que todo lo que nace muere; que todo lo compuesto se descompone; que al encuentro sigue, irremediablemente, la separación, y que en toda familia ha habido alguna muerte».

En pocos días se había topado con la enfermedad, la vejez y la muerte, los tres hechos más contundentes y dolorosos de la existencia, a los que él un día calificaría de «emisarios divinos», porque nos ayudan a reflexionar, meditar, salir de la ignorancia y desarrollar la sabiduría. Entre fiestas, lujos, solícitos servidores, placenteras concubinas y deleites sin fin, había consumido veintinueve años de su vida, ignorando realidades atroces, pero cuyo conocimiento y reflexión son necesarios. Como el pez grande encandilado por un pececillo con el que alimentarse, ignorante de las aguas en las que mora, había pasado año tras año de su vida sin percatarse de las realidades de la existencia. «¡Qué dolor, qué miseria para las criaturas que sienten, que nacen, que viven, que mueren! ¡Cuánto sufrimiento inevitable; cuántos sinsabores; cuánta amargura!» Así se dijo y sintió en su corazón la infinita pena y la inmensa compasión por todos los seres que habitan los universos.

—Volvamos a palacio, Channa —dijo con firmeza—. Con los velos del placer y de la satisfacción sensorial, mi padre, nuestro amado y respetado monarca, ha querido ocultarme los hechos como son, pero ¿hay bruma, Channa, que los rayos del sol no acaben por disipar?

Ese hombre, joven todavía, al que se le brindaban todos los placeres de los que un ser humano puede gozar, había descubierto de golpe el otro rostro de la existencia, y una mutación inmensa se iba a producir en su mente. Es más que probable que aquella noche derramase lágrimas de pesar y se preguntase por la realidad universal del sufrimiento. Él, como nadie, había convivido con el placer, pero ¡cuánto dolor había, cuánta tribulación! ¡Tantos sollozos y tantas lágrimas que podrían llenar los vastos océanos de toda la tierra! ¿Podría ser feliz él en tanto otros seres eran víctimas del sufrimiento? Desfilaron ante su mente los enfermos, los ancianos y los cadáveres del mundo. Si se muere —se preguntaba—, ¿por qué nos aferramos a todo? Percibió entonces hasta qué punto la mente humana está empañada. ¿Cómo era posible añadir sufrimiento al sufrimiento, provocando guerras sin fin, masacres, tortura y dolor innecesarios? Se hacía preguntas, pero no podía hallar respuestas. «Hay delicias, sí, pero son como cebos ocultando el anzuelo. Hay placer, pero proyecta su sombra de dolor. Aquí, allá, en todas partes, se nace para morir.» Y los dioses, ¿qué hacían por los humanos todos esos dioses que los brahmanes le habían dado a conocer? Sólo la compasión que surgía de su corazón lograba proporcionarle algún consuelo. ¿Qué otra cosa se puede hacer sino amar?

Siddharta convocó de nuevo a su cochero. (¡Quién sabe en qué condiciones se relacionan las pasadas existencias de estos dos hombres!) El nuevo amanecer era, como siempre en las estaciones secas, un reflejo de pura y simple magia. Los arrozales procuraban serenidad, el olor a leña quemada era como un bálsamo para la mente. El carro del príncipe estaba tirado por hermosos corceles. «¿Habrá más sorpresas dolorosas de las que ya he encontrado?», se preguntaba el príncipe. Siddharta y Channa guardaban silencio, vivían ese momento de conjunción entre la noche y el día, cuando todos los yoguis y eremitas de la India se abocan en meditación, hacen sus rituales en el río o emprenden la recitación de los mantras. Había una paz perfecta, cuando, de repente, la mirada del príncipe descubrió a un hombre en meditación debajo de un árbol. Aquel individuo exhalaba tanta serenidad, que Siddharta pudo sentirla en su propio ser.

—¡Detente, amigo! ¿Ves aquel hombre bajo el árbol?

Siddharta observó con atención. El hombre cubría su cuerpo con una túnica anaranjada; un chal del mismo color le envolvía los hombros. Llevaba la cabeza rapada, y un rosario de semillas le pendía del cuello. Tenía las manos en el regazo y estaba tan erguido como si quisiera acariciar las nubes con la cima de su cabeza. Había una paz inmensurable en la expresión de su rostro. Jamás había visto el príncipe una expresión tan pacífica y bella como la de aquel hombre.

—¿Quién es ese hombre, Channa? ¿Qué hace?

—Señor, ese hombre en un *sannyasin*, un renunciante. Ha puesto fin a la vida de hogar y ha cortado sus vínculos familiares para hallarse a sí mismo. Está meditando.

—¡Oh, Channa, nunca tu príncipe ha visto tanta paz, tanta sublimidad en persona alguna! Su rostro es como el de un niño dichoso, y su cuerpo parece resistente como un rododendro, pero a la vez está suelto como un lirio. ¿No exhala, Channa, una felicidad contagiosa?

—También a mí me lo parece, señor.

—¿Y qué hace? ¿De qué vive?

—Su vida es la meditación, la búsqueda de lo Inmensurable. ¿De qué vive? De la caridad pública, señor. Es un mendigo. Su hogar es la tierra; su cama son los campos sin límite; sus ganancias, aquello que halla dentro de sí mismo, su familia, todas las criaturas vivientes. Nada ansía, y en nada se afana más que en encontrarse a sí mismo. Es de todos, pero de nadie en demasía. Está en este mundo, pero sin pertenecer a él: puesto que nada espera, todo le llega; puesto que no tiene urgencia, vive apacible; tanto si le ayudas como si no, siempre te sonríe. Lo ha dejado todo para hallarlo todo: la paz de la mente y la sabiduría del corazón.

—¿Y hay muchos hombres así, Channa?

—No muchos, señor, pero sí los suficientes.

—Por favor, Channa, el más fiel y bienintencionado de mis escuderos, háblame de ellos.

—Los hay de todas las edades, señor. Antes de dejar el hogar, unos eran ricos y otros no. Algunos estaban casados, otros permanecían solteros. Los hay que son nómadas y van de aquí para allá, sin tomar residencia fija en parte alguna. Los hay que moran en los bosques, en las montañas, en los desiertos. Algunos viven en las junglas y otros se refugian en cuevas. Otros meditan toda la jornada, pero también los hay que se someten a feroces penitencias. Todos buscan lo que está más allá de las palabras, son yoguis, señor. Algunos son conocedores de grandes secretos. Pueden vivir desnudos en las tierras nevadas, ayunar durante meses y conducir su mente a regiones inconmovibles.

Siddharta estaba prendado de aquel *sannyasin*. Veía en ese rostro la paz que jamás pudo contemplar en las caras de aquellos que había conocido a lo largo de toda su vida. ¡Qué imperturbabilidad, qué calma!

—Channa, acerquémonos más a ese hombre, pero con cuidado, no le perturbemos.

Príncipe y escudero se aproximaron hasta el yogui, que ni siquiera se había percatado de su presencia. Siddharta hallaba ante la quietud de ese hombre una maravillosa y balsámica sustancia para sanar las heridas que le habían causado las otras salidas del palacio. «En verdad, en verdad —se dijo—, que este hombre está más allá del apego y del dolor. Bendito es porque aun no teniendo nada, es mucho más acaudalado que un monarca. Bendito es porque aun en su soledad, jamás está solo. Bendito es porque al no aferrarse a nada, nada teme perder.»

—Channa —dijo Siddharta sin poder reprimir su alegría—, hoy hemos hallado la veta de plata que se filtra aun por el más macilento nubarrón.

Pero Channa no tenía la finura de expresión verbal de su príncipe y, tal vez, ni siquiera comprendió sus palabras. Pero en tales momentos sublimes brota el lenguaje del corazón. Los labios del leal escudero esbozaron una sonrisa de felicidad. Siddharta y Channa se miraron; seguramente sus vidas venían juntas desde muy atrás. El príncipe sabía ahora muy bien qué debía hacer, y Channa lo intuía.

La gran
Renuncia

Transcurrieron unas semanas, y una vez Siddharta había conocido el otro lado de la existencia, nada podía ya resultar igual para él. Su vida futura se debatía entre sus anhelos místicos y los deberes de príncipe heredero. Pero no podía borrar de su mente el rostro apacible e imperturbable del yogui que había tenido ocasión de contemplar bajo un árbol. A pesar de la enfermedad, la vejez y la muerte, aquel hombre estaba sumergido en una calma profunda, e invadido por una nube de paz.

Una mañana cogió su carro, conduciéndolo él mismo, y se dirigió hasta la ciudad de Kapilavastu,

*Imagen de Buda representando su firme determinación
de meditar hasta iluminarse o morir.*

para, fuera del palacio, continuar con sus reflexiones. Detuvo el carro y, al descender de él, miró hacia arriba y sus ojos se encontraron con el hermoso rostro de una mujer que lo observaba desde la terraza de su casa. Era una dama llamada Kisa Gotami, que estaba contemplando cuán atractivo era el príncipe; sus labios le entonaron una cancioncilla de amor que decía: «Bienaventurados la madre, el padre y la esposa a quienes pertenece este hombre tan sublime».

De la cancioncilla que aquella admiradora le dedicaba, una palabra saturó la mente del príncipe.

¡Qué palabra tan evocadora la de bienaventuranza! Sí, ese estado de bienaventuranza, beatitud y sublimidad era el que gozaba el yogui bajo el árbol. ¿Qué no daría él por poder disfrutar de la beatitud, la calma profunda y el silencio de su mente atormentada? La palabra clave que Kisa Gotami pronunció en su cancioncilla de amor fue el detonante para las intenciones de renuncia del príncipe. ¿Por qué no renunciar a todo para hallar la beatitud? ¿Por qué no dejarlo todo para buscar sin tregua un estado de inamovible bienaventuranza? En ese momento tomó la firme determinación de dedicar toda su vida, si fuera necesario, a conquistar el Nirvana, la paz sublime, y si lo lograba, a cooperar en su búsqueda con las demás personas. Ni las ampulosas fiestas, ni los refinados lujos, ni las mejores joyas o los más sutiles perfumes habían podido proporcionarle una pizca de esa bienaventuranza que anhelaba. Tan agradecido estaba por haber escuchado la palabra surgida de los labios de esa hermosa y sincera mujer, que nada más volver a palacio ordenó que le enviaran el mejor collar de perlas que pudiera encontrarse en el reino. Así se hizo, en tanto él tomaba la inquebrantable determinación de renuncia a la vida palaciega para hacerse un asceta. Pero era necesario comunicárselo a su padre, que, además, por esas fechas, estaba pensando confirmar públicamente, ante una gran audiencia, que su hijo era el indiscutible príncipe heredero y que, cuando le sucediese, conseguiría un reino fuerte y estable.

Era mediodía, y hacía un calor intenso y sofocante. El monarca descansaba en uno de sus torreones, donde una sutil brisa penetraba por las celosías. Siddharta, firme ya en su decisión, acudió a visitarlo. Suddhodana amaba profundamente a su hijo, pero jamás logró comprender sus zozobras ni variaciones de humor. Siempre había vivido aterrado porque Siddharta pudiera renunciar al trono. La situación no era fácil para el reino de los sakyas, amenazado por otros vecinos más poderosos, siempre dispuestos a anexionárselo. El príncipe correspondía al amor del monarca. Era un hombre justo y siempre le había proporcionado lo que creía más deseable y apetecible: un joven común hubiera estado siempre encantado con la forma de vida que el monarca le había procurado. De manera que Siddharta se dirigió a su padre con respeto y profundo cariño.

—Mi rey y amado padre, al herirte, a mí me hiero; al ofenderte, a mí me ofendo. Nada me has escatimado. Me has rodeado de toda suerte de placeres; has dispuesto en mi honor fiestas que han hecho enmudecer a todos aquellos que han asistido a ellas; me has obsequiado con el harem más extenso, con mujeres más bellas que princesas y reinas de los más exóticos países; he tenido una legión de sirvientes, lujos refinados y tres residencias a cual más espléndida. Pero, padre, querido padre, ¿puedes proporcionarme tú, poderoso monarca, un medicamento que me asegure la juventud para siempre y que me impida envejecer?

El silencio expresó la respuesta negativa del monarca.

—Señor —añadió el príncipe—, tú que tienes a tu servicio a los mejores curanderos y médicos, y que eres honrado por los más doctos y sabios brahmanes, ¿puedes dispensarme un medicamento que me asegure la salud y me impida enfermar?

El monarca negó con la cabeza, prosiguiendo en su silencio.

—Padre, señor de los sakyas, rey justo y noble donde los hubiere, ¿puedes tú, con tu inmenso y reconocido poder, evitar mi muerte cuando haya de llegar?

La tristeza y el desaliento abatieron el rostro de Suddhodana. Su hijo le pedía imposibles. Hubo un corto silencio, pero Siddharta agregó:

—Te he observado, padre. Nunca he dejado de observarte y he aprendido muchas cosas de ti. He contemplado en ti cómo se alternaban, a lo largo de todos estos años, alegría y dolor, diversión y tedio, contento y tristeza, risas y llantos... Pero, padre, debo confesarte que jamás he observado en ti la calma profunda y el estado de bienaventuranza que hallé el otro día en un *sannyasin*. Tú, querido padre, ¿puedes procurarme esa dicha inmensa, ese contento insuperable?

—Puedo proporcionarte cuanto quieras —repuso finalmente el rey—, menos aquello que me estás solicitando.

—En ese caso, padre, yo debo seguir mi destino.

—¿Y no es tu destino, Siddharta, hacerte un día cargo de nuestro reino y engrandecerlo? ¿No es tu destino dirigir

*Templo de la Mahabodhi, en conmemoración de
la iluminación de Buda, en Bodh Gaya (India).*

a los sakyas y darles gloria sin límites? Y si llegado el caso fuera necesario, ¿no sería tu destino combatir sin descanso y vencer en la batalla?

Aunque Siddharta sentía en su propio corazón la amargura que invadía el corazón del monarca, replicó:

—Señor, a medida que algo he ido viendo a través de la densa niebla de mi mente, he comprendido que mejor es conquistarse a uno mismo que conquistar a mil guerreros en mil distintas batallas. Mi destino es ganarme a mí mismo. Debo decirte, padre, y sé cuánto dolor te causo, que habré de buscar, necesariamente, mi paz interior en la soledad de los bosques.

Al atardecer, Siddharta se encontró con los consejeros del monarca y los puso al corriente de sus intenciones. Ningún argumento logró disuadirle. Estaban reunidos cuando una dama llegó corriendo a la sala y anunció que el príncipe acababa de tener un hijo. Siddharta, que había tomado ya la irrevocable determinación de dejar el palacio, no pudo por menos que musitar: «Otro obstáculo, otro lazo». Uno de los presentes escuchó el comentario y se lo dijo al monarca. Profundamente abatido, Suddhodana declaró:

—Los dioses procuren larga vida y felicidad a mi nieto. Como es un obstáculo, un lazo para mi hijo, le llamaremos Rahula (obstáculo).

Acto seguido dio órdenes de vigilar todas las salidas, bloquear las puertas y aumentar la guardia.

Siddharta pasó parte de la noche reflexionando. Se dijo a sí mismo que llevaría por última vez aquellas lujosas prendas que cubrían su cuerpo, y, también, que por última vez rociaría sus cuidadas carnes con los más exquisitos y caros perfumes. Paseó por las dependencias del palacio, para contemplar de nuevo aquellos muros que él había sentido como una prisión. Entró en uno de los grandes salones, donde se había celebrado una opulenta fiesta, y encontró allí los cuerpos ebrios y amodorrados de los invitados, groseramente descompuestos, unos eructando, otros vomitando alcohol o prorrumpiendo en obscenas palabras. Los cuerpos de las concubinas, inconscientes, yacían aquí y allá, proporcionando un espectáculo grotesco y desagradable. Algunas tenían el maquillaje corrido y sus rostros eran burdas máscaras inexpresivas; otras mascullaban palabras ininteligibles, embotadas por el alcohol y la lujuria; otras adoptaban, como muñecos de trapo, posiciones poco armónicas y llevaban las prendas manchadas de licor. También pudo ver el príncipe a sus amigos de diversión; unos, tambaleantes; otros, caídos de bruces; algunos, mostrando sus partes pudendas, y la mayoría, con el rostro feo y desencajado, los ojos inyectados en sangre y una mueca de hastío en los labios. «Y yo —se condolió Siddharta— también he formado muchas veces parte de este sórdido escenario.» Sintió, con una angustia tal que se entrecortó su respiración, que había consumido veintinueve años de su existencia sin ningún provecho para sí mismo ni para los demás. Su paladar había deleitado los licores más preciados; sus ojos habían contemplado danzarinas llevadas de toda Asia para divertirle; sus manos se habían deslizado por los sinuosos cuerpos de cientos de mujeres de todos los rasgos posibles. ¿Y qué tenía? ¿Qué le había quedado de todo aquello sino cansancio, tedio y pesadumbre?

Silente como una sombra, con amoroso cuidado, penetró en la estancia de la hermosa princesa Yasodhara, que dormía con placidez. Se aproximó sigilosamente a su cuerpo caliente y besó sus mejillas, sus sienes y su frente. Al lado de Yasodhara estaba su hijo recién nacido; Siddharta sintió que sus fuerzas desfallecían y que se le partía el corazón. Ésos fueron los momentos más difíciles, en los que hubo de apelar a toda su fuerza interior y a su anhelo de liberación suprema.

Cerró lentamente la puerta del aposento de la princesa y aceleró el paso; ya nada ni nadie podría detenerle. Corrió hacia el establo. El fiel escudero había ensillado su caballo preferido, de nombre Kantakha. Siddharta acarició su espléndida cabeza y le dijo: «Amigo mío, tienes que ser veloz como el huracán. Libérame de estos muros y yo sabré encontrar mi liberación y la de otras criaturas». Era una madrugada del plenilunio de Asadha.

La leyenda dice que los dioses, regentados por el poderoso Indra, se confabularon para que el príncipe pudiera huir, a pesar de la estricta vigilancia: por su designio, todos los guardianes cayeron en un sueño profundo y se desbloqueó una de las puertas. Pero más probable es que el leal Channa sobornara a algunos de los guardias. Lo cierto es que Siddharta y el escudero partieron veloces, rasgando la oscuridad de una madrugada que jamás podrá olvidar el monarca. Corrieron sin tregua, mientras Siddharta era feliz de dejar atrás sus compromisos principescos, lujos refinados, consejos políticos, juegos deportivos y torneos, y fiestas y bailes reales. Abandonaba por fin el palacio, sus deberes principescos y su obligación de suceder al monarca. Dejaba, en suma, la vida de laico para hacerse un *sanuiyasin*, un renunciante abocado a la búsqueda de lo Real.

Ése fue el día de la gran renuncia, como unos años más tarde el destino traería el de la gran determinación. Atrás quedaba Kapilavastu, mientras príncipe y escudero galopaban raudos por la planicie del norte de la India, a la sombra de los Himalayas. Channa seguía sin desmayo al príncipe. Antes de que subiera al caballo, le había suplicado que recapacitase y no abandonase el palacio, pero ¿quién puede hacer desistir a un hombre que pone todo el sentido y significado de su vida en la búsqueda de lo Inefable?

Lágrimas como riachuelos rodaron por las mejillas del escudero. Hasta el abnegado caballo sentía una pena infinita bajo la luna enorme que pendía del cielo. Los recuerdos asaltaban la mente del príncipe: su amorosa tía, su generoso padre, su entrañable Yasodhara y su indefenso hijito. Había dejado las comodidades y seguridades del palacio para tomar la vida de un eremita, para vivir en solitario, sin lazos ni vínculos. ¿Qué melancólicos sentimientos no embargarían el corazón del príncipe mientras galopaba sin tregua hacia el reino de los mallas?

Amanecía cuando se detuvieron, extenuados y con los cuerpos en un charco de sudor, junto al arroyo de Anoma. Cuando descabalgaron, Channa volvió a suplicar:

—Te lo pido por todos los dioses y genios, señor, vuelve a tu hogar; regresa a palacio.

—¡Oh, mi buen escudero! Te cuesta despedirte de mí como a mí me cuesta hacerlo de los míos. ¡Cuán difícil es superar el apego a los seres que nos son queridos! ¿Crees que para mí es fácil? Channa, Channa, recuerda que contigo contemplé la realidad más amarga de la vida y que contigo compartí la paz de aquel yogui bajo el árbol.

Siddharta abrazó al escudero y le dijo:

—Ha sido una noche muy larga y no exenta de peligros, amigo mío. Ahora, extiéndete y descansa. Pronto volveré a reunirme contigo.

Siddharta se encaminó hacia el pueblecillo de Anomiya, donde adquirió tres túnicas anaranjadas, una escudilla y un cinto. Bajo un árbol, rasuró por completo sus cabellos en señal de renuncia y, despojándose de sus atavíos de príncipe, se vistió con una de las túnicas.

Cuando despertó al escudero, al principio éste no logró reconocerle. Pero después de que Siddharta se diese a conocer, Channa insistió en seguir los mismos pasos que su señor. Siddharta le hizo desistir:

—Todavía no es tu momento. Si de verdad quieres servirme, regresa a palacio y devuelve al rey mis ropas principescas. Pide que no me busquen y haz saber que mi decisión es tan firme que bajo ningún concepto renunciaré a ella. Que no se entristezcan sus corazones, sino que, al contrario, se regocijen, pues el que fuera su príncipe lo deja todo para hallar lo que está más allá de todo. Que no den siquiera muestras de amargura, sino de alegría y satisfacción. Tampoco debe ocultarse a nadie que me he convertido en un renunciante y que viviré de la caridad de los otros, invirtiendo todo mi tiempo en hollar el sendero hacia la Sabiduría.

El escudero prorrumpió en sollozos. Trataba de consolarse, cuando, de súbito, el veloz y resistente caballo, el buen Kantakha, cayó al suelo y murió, con su hermosa cabeza entre los brazos del príncipe. El corcel no había podido resistir la pena de separarse de su dueño.

—Channa, ¿te das cuenta de la bondad de los animales? ¡Qué inocentes y bellas criaturas! Yo te aseguro que este caballo renacerá como otro ser en reinos muy superiores. Su karma le será muy propicio, al igual que a ti, querido mío.

Príncipe y escudero se abrazaron.

—Ahora —dijo Siddharta— debes irte sin mirar atrás. Saluda a todos mis parientes. Honra siempre a tu rey, a tu princesa y a mi hijo. Un vínculo muy poderoso nos unirá siempre. Deja el llanto y evita la lamentación. Ámame, pero sin apego. Escucha siempre tu corazón, porque ahí reside la sabiduría, y no en papiros ni vacuas fórmulas verbales. No traiciones tu karma. Anda, parte.

El más fiel de todos los escuderos partió sin mirar atrás. Siddharta se sentó junto al arroyo; en su mente moraba una quietud perfecta. No había dudas, ni zozobras, ni desasosiego, ni desesperanza. Había amor, un amor apacible y sereno, que brotaba de él en todas las direcciones de los vastos universos.

La
Búsqueda Espiritual

¿Quién podrá imaginar jamás con cuánta angustia recibió el monarca Suddhodana la noticia de la partida de su hijo? ¿Quién podrá saber nunca hasta qué grado quedó desolado al saber por el escudero Channa que nada haría desistir al príncipe de sus propósitos?

Las expectativas del rey se vieron repentinamente frustradas. No cabía esperar del príncipe el monarca universal que el rey y la corte deseaban. Todos los nobles se sintieron confusos y turbados; sin que nadie comprendiera realmente el motivo, lo cierto es que el príncipe había abandonado el reino. Channa insistió en que nadie lo buscase. Todos se preguntaban, incluso, si volverían a tener ocasión de ver al que fuera príncipe sucesor, de manera que la sucesión recayó sobre el recién nacido. Lágrimas silenciosas surcaron las mejillas hermosas de la princesa. Durante días y semanas no se habló en la corte de otra cosa que de la inexplicable fuga del príncipe. La tristeza despertaba al monarca sobresaltado por las noches. ¿Qué sería de su reino, amenazado por los poderosos reinos vecinos? ¿Qué sucedería con la dinastía de los sakyas? ¿Viviría, al menos, lo suficiente para que su nieto estuviera en edad de sucederle? Todo eran interrogantes angustiosos para el rey de los sakyas. Mientras, la todavía muy hermosa Yasodhara pasaba los días, compungida, en su cámara principesca. Fueron aquéllos, sin duda, días difíciles para todos los familiares y amigos de Siddharta. Y entre tanto...

Entre tanto el príncipe se había convertido en un renunciante más, uno de esos innumerables *sannyasin* a los que la India nos tiene acostumbrados desde la noche de los tiempos.

Liberado de todo vínculo y sentimiento de casta, rasurados los cabellos, la túnica anaranjada cubriendo su cuerpo, la escudilla en la mano y viviendo de la limosna de los otros, vagaba por las tierras de la madre India.

Contaba veintinueve años de edad, era resistente y obstinado, había conocido el sufrimiento y se empeñaba en descubrir su causa y, si era posible, hallar un camino para ponerle término. No desfallecía; no se lamentaba de haber dejado lujos y placeres; encaraba con intrepidez la dureza de la vida de un asceta errante. Hollaba los caminos de la India. Si alguien le facilitaba alojamiento, lo tomaba, pero si no era así, dormía bajo las estrellas. Si alguien ponía algo de comida en su escudilla, la aceptaba, pero de otra forma, ayunaba y disciplinaba su cuerpo y su mente. Desde las planicies norteñas, en la antesala de los Himalayas (hoy día el Terai nepalí), se encaminó hacia la cuenca del Ganges, en el estado indio del actual Bihar. Se dejaba llevar: anchas son las tierras para el vagabundo. No tenía urgencia de ir hacia ningún lado en particular; su urgencia era viajar hacia dentro, hacia la comprensión que brota del corazón. Siddharta se convirtió en uno de los innumerables *sadhus* que en aquellos tiempos poblaban las tierras indias. En su mente había muchas preguntas, pero todavía pocas respuestas. Sin embargo, su motivación era muy intensa y su ánimo muy firme. Es difícil saber si en esos días de soledad, parquedad de medios e inevitable enfrentamiento con la dureza de la vida de un renunciante, echó de menos las plácidas comodidades del palacio, y los brazos cálidos y entrañables de la princesa; pero, como quiera que fuera, siguió tenaz en su determinación, viviendo de la caridad pública, como aún hoy en día, dos mil quinientos años después, hacen muchos renunciantes y eremitas en la India. Era, por entonces, un *sadhu* nómada, de ésos que no permanecen en ningún sitio más de unas horas o días, que a nada se apegan y que nada esperan.

Siddharta llegó después de algunos días al territorio Malla. Allí encontró un reconfortante bosquecillo de mangos, que era el de Anupiya. Mientras duró su dilatada existencia, Siddharta —más tarde Buda— amó siempre los bosques. Le gustaba reposar en ellos y en ellos meditar, reunirse con otros eremitas y, en su día, predicar. Toda la vida del Buda

Imagen de Buda en meditación.

estará relacionada con los bosques, pues siempre tuvieron un gran atractivo para él y sus monjes. Bajo los árboles el calor era más soportable y la brisa se mostraba aromática y generosa; reinaba el silencio suficiente para dejar la mente absorta y, a la vez, solían estar lo bastante cerca de los pueblos o ciudades para acudir a ellos a mendigar. En el bosquecillo de Anupiya pasó siete días el renunciante Siddharta reflexionando muy seriamente.

Por fin, se había reconciliado con su destino y lo había asumido de buen grado. Había descubierto que el sufrimiento es universal, pero tenía que sondear con profundidad en esa realidad sobrecogedora y difusa. Había dejado su hogar, el palacio, a su mujer e hijo, y a sus amigos y consejeros para poner toda su energía en la búsqueda de lo Inefable. Ahora, sin preocupaciones palaciegas ni domésticas, sin vínculos familiares ni cortesanos, sin el obstáculo de lujos y fiestas, podría dedicarse por entero a la superación del sufrimiento. Nunca podría olvidar la paz imperturbable de aquel renunciante que conoció en su cuarta salida del palacio. Esa sublimidad, esa infinita paz, esa inmensa inefabilidad ¿serían alcanzables para él? E incluso, ¿se podría ir más allá de ellas y hallar la raíz misma de toda tribulación e incertidumbre para acabar con toda la desolación que provocaban? Siddharta no cesaba de hacerse preguntas que seguían a otras preguntas, indagaciones que se sumaban a otras indagaciones.

Desde Anupiya, Siddharta partió hacia el territorio de Magadha (actual Bihar, un estado al que hoy en día acuden en peregrinación miles y miles de budistas de todo el mundo) y llegó a su ciudad más relevante: la floreciente

Rajagaja. Sólo comía una vez al día, mendigaba con la escudilla en las manos y no pedía: esperaba que le proporcionasen libremente algún alimento, en silencio, con humildad, y con actitud de agradecimiento para los que daban y para los que se abstenían de hacerlo. Como su porte era hermoso y aristocrático, las gentes le trataban con simpatía y benevolencia. Intuían que se trataba de un genuino *sadhu*. Así, cabe pensar que no le faltó alimento. ¿Qué otra cosa podía necesitar? Todo lo demás tenía que hallarlo dentro de sí mismo. Había entrado a formar parte de la legión de buscadores que moraban en aquel entonces por la India. Era una época en la que existían gran número de senderos espirituales; notables maestros de yoga, instructores de las más diversas filosofías y mentores que contaban con gran número de discípulos abundaban por doquier.

Fue un atardecer cuando Siddharta tuvo un encuentro verdaderamente inesperado. Acudió a visitarle el monarca Bimbisara después de haberle visto desde su terraza del palacio mendigando los alimentos en la ciudad. Iba, como era su costumbre, acompañado de un nutrido séquito. Siddharta estaba en ese momento mendigando la comida en la colina Pandava. Unos emisarios le hicieron saber que el rey se aproximaba. Bimbisara, por lo que sabemos, era un monarca que combinaba la energía con la exquisita sensibilidad. Conocía a las personas al primer golpe de vista, y nada más ver al *sannyasin* se percató de que se trataba, sin duda, de un noble. Tras saludarse recíprocamente, el monarca dijo:

—Te he visto mendigar tus alimentos. Y, ciertamente, me ha extrañado. He contemplado tu noble porte y a buen seguro eres de una familia noble. ¿Querrías darte a conocer?

Siddharta le explicó al monarca que había abandonado su situación de príncipe heredero para convertirse en un eremita, en un inquebrantable buscador de lo Inefable. Le dio noticias sobre su reino, allí en la planicie, a la sombra del Himalaya. El monarca le escuchó con todo interés y le propuso:

—Eres un hombre de resistente y vigoroso ánimo. Te presiento inteligente y leal. ¿No podrías ayudarme en las ingentes tareas de reinar? Como intuyo tu honestidad, gozarías de mucho poder y de una gran libertad para administrarlo. Eres joven para haber tomado *sannyas* (renuncia). Acompáñame a palacio y préstame tu ayuda.

Sin que fuera la intención del monarca, se estaba convirtiendo, en tales circunstancias, en Mara, el tentador. Estaba ofreciendo a Siddharta poder, lujos, agradable compañía y deberes con los que afirmar su ego, fastos y riqueza. Estaba ofreciéndole lo más preciado en la esfera de lo mundano, a un *sannyasin* que mendigaba su alimento, que vivía en soledad y que se había sometido a privaciones de todo tipo. Pero Siddharta, que era un hombre de fe en la búsqueda de lo Incondicionado, dijo:

—Habrás de perdonarme, señor, pero nada de lo que me ofreces podrá apartarme de mi camino. Todo lo que me brindas, y más aún, lo dejé ya hace un tiempo para convertirme en renunciante y hallar la paz que todo lo colma. Lo difícil no fue dejar riquezas y lujos que en nada me afectaban, sino abandonar a una mujer delicada como el loto más espléndido, y a una criatura que acababa de nacer.

La firmeza de Siddharta debió de conmover mucho al monarca. ¿Qué podía tentar o seducir a un hombre tal? Sin tener nada, lo poseía todo. Se despertó en ese instante una rara admiración de Bimbisara por aquel que un día se convertiría en un buda o iluminado. El rey entonces dijo:

—No voy a forzarte, *sannyasin*. Sigue tu ruta. Halla y cumple tu destino. Pero sí voy a solicitarte algo: prométeme que cuando obtengas la liberación definitiva, el mío será el primer reino al que viajarás para predicar. Este monarca al que ahora ves ante ti te espera para que un día le muestres el sendero hacia la Liberación.

Siddharta empeñó su palabra. Había mucha cordura en aquel monarca. El tiempo que transcurriese no importaba, pero si hallaba la sublimidad infinita, volvería junto al rey para mostrarle la Enseñanza.

Siguieron meses de investigación, entrenamiento espiritual, indagación mística y prácticas yóguicas. En su afán por hallar conocimientos espirituales, Siddharta buscó a unos y otros maestros, y se incorporó a las filas de algunas comunidades espirituales. Bebió en muchas fuentes, sondeó en escuelas místicas y filosóficas, obtuvo conocimientos de numerosos caminos de trascendencia y se ejercitó en técnicas para la pacificación de la mente. Entró en contacto con mentores, maestros, yoguis y eremitas. Escuchaba a todos con respeto, y algo aprendía de cada uno de ellos.

La India ha sido desde muy antaño cuna de innumerables sistemas místicos y legión de maestros espirituales. Siddharta debió de codearse con *sadhus*, penitentes, faquires, anacoretas y todo tipo de renunciantes de las más numerosas tendencias místicas. En aquella época ya había muchas formas de yoga, desde las más devocionales hasta las más agnósticas. Era un yoga arcaico y polivalente, pero muy rico en técnicas psicofísicas y psicomentales, aunque muy distante todavía de su adecuada sistematización. En ese fermento místico se alimentaba este hombre singular, ya al borde de los treinta años. Estaba abierto a todo procedimiento salvífico, a toda vía hacia lo Inmenso y a todo entrenamiento para el desarrollo interior. Tomaba conocimientos y métodos de aquí y de allá, que le prestaban cierta ayuda, pero ninguno le satisfacía por completo.

En las proximidades de la próspera ciudad de Vaisali, Siddharta oyó hablar de un maestro notable. El guía se llamaba Alara Kalama y contaba con un buen número de discípulos. Cuando Alara vio a Siddharta, se dio cuenta de que no se trataba de un aspirante más, sino de un buscador muy especial. Así se lo hizo saber al punto a sus discípulos. Siddharta, por tanto, fue muy bien recibido, y se quedó con Alara durante un tiempo. Este maestro era experto en métodos para la unificación de la conciencia: conocía técnicas poderosas para la concentración mental. De modo que Siddharta se aplicó en tal práctica. Inquebrantable, se entrenó en métodos para suprimir las ideaciones, silenciar la mente y hallar un estado de considerable abstracción mental. Conquistó, entonces, las esferas de la vaciedad mental; podía entrar a voluntad en un estado de absorción profunda que le desconectaba de todo y le proporcionaba la conquista de las ignotas esferas de la nada. Pero su objetivo, desde que se enfrentó con el dolor humano, era hallar la clave para la superación del sufrimiento. Los métodos que había ensayado con Alara le sirvieron para concentrar la mente y tranquilizarla, pero no le habían procurado el sendero para poner término al dolor. Cuando le explicó a su maestro que había conseguido acceder a la vaciedad de la mente, Alara se sintió muy satisfecho. Ese adelantado discípulo había obtenido en poco tiempo lo que otros no habían logrado en años. Entusiasmado, el yogui Alara le pidió a Siddharta que siguiera practicando. A lo que Siddharta preguntó:

—¿Podré, respetado maestro Alara, ir más allá de la esfera de nada?

Extrañado, Alara replicó:

—Pero ¿qué puede haber más allá de esa esfera?

—No lo sé, pero intuyo que más allá hay otra esfera, otro terreno de mayor conocimiento. Cuando estoy en concentración, siento una paz infinita, pero cuando salgo de ese estado, la insatisfacción retorna a mi mente y soy consciente de que no he superado el sufrimiento.

Alara le propuso a Siddharta que se quedara con él, e impartiera a su lado la instrucción a los discípulos. Pero Siddharta no había hecho más que comenzar su andadura espiritual. Cortésmente, rechazó el ofrecimiento. Quedó muy agradecido a Alara, que había sido su primer gran maestro, pero debía seguir buscando. Los seres humanos sufren y aunque el estado de arrobamiento que le había enseñado Alara era muy beneficioso, calmaba la mente y recogía los sentidos, no purificaba toda la corrupción mental y, por tanto, no proporcionaba la sabiduría liberadora.

La despedida no fue fácil. Sabemos cuánto se respeta a los maestros en la India, y más, sin duda, en aquellos tiempos remotos. Alara, además, le había enseñado métodos para la contención del pensamiento, innegablemente válidos y necesarios, pero incapaces de conducirle hacia una sabiduría definitiva. Por tal motivo Siddharta retomó su camino. Volvió a ser, otra vez, *sadhu* errante, renunciante nómada por los caminos de la India. Persistía en su corazón una urgencia de conocimiento, un anhelo de comprensión profunda, de manera que, mendigando día a día sus alimentos, regresó a la ciudad de Rajagaja, donde le hicieron saber que había en las cercanías un gran yogui de nombre Uddaka Ramaputra. Siddharta pudo dar fácilmente con el maestro y le pidió que le aceptara entre sus discípulos.

Este notable yogui, Uddaka, contaba con centenares de discípulos y mostraba poderosas técnicas para indagar en la naturaleza profunda de la mente. Era un hombre afectuoso y compasivo. Se había establecido en una de las colinas cercanas a la ciudad, en la que había formado su comunidad, lo que los hindúes denominan *ashram*. Sus discípulos llevaban una vida tan apacible como esforzada, e invertían muchas horas en retraimiento espiritual. Los hindúes denominaban al entrenamiento místico *sadhana*, que se podría traducir por «estrategia»; la estrategia para superar la mente ordinaria y desarrollar un conocimiento supramundano. Pero el *sadhana* es, además, ejercitamiento, y todas las escuelas liberadoras de la India insisten en la necesidad de someterse a él para lograr la purificación interior, el discernimiento puro y el entendimiento liberador. Los maestros, según su tradición mística, ofrecen uno u otro tipo de *sadhana*. Algunos, por ejemplo, insisten en la manipulación sabia de las energías; otros, en el desarrollo de la devoción; otros, en el desenvolvimiento de una energía especial y cósmica denominada *Kundalini* y que reside en el ser humano; otros, en la recitación de mantras; otros, en el exhaustivo control sobre el cuerpo y sus funciones; otros, en la acción consciente e impecable; otros, en definitiva, en el desarrollo de la sabiduría discriminativa para traspasar los velos de ilusión de la mente.

Buda debió de conocer muchos de estos *sadhanas*: por aquel entonces había todo tipo de maestros y renunciantes. Había yoguis que meditaban en los cementerios, que se sometían a durísimas disciplinas y que se abocaban en meditación abismal. También existían maestros que seguían la doctrina del Todo; otros que insistían en la de la Nada; otros para los que la doctrina debía basarse en el Todo y en la Nada, y otros para los que la doctrina no estaba ni en el Todo ni en la Nada. Pero volvamos al sabio yogui Uddaka. ¿Qué proporcionaba su enseñanza al anhelante Siddharta? Sin duda, métodos yóguicos muy elaborados para conducir la mente a estados todavía de mayor absorción que los obtenidos con las técnicas del anterior maestro. Con él Siddharta trabajó sin descanso. Pero no hay que olvidar que no sólo anhelaba la paz interior durante la meditación, sino la paz interior duradera de por vida, la liberación definitiva del sufrimiento.

Con una motivación inquebrantable, Siddharta se aplicó a la realización de los métodos que le ofrecía su último maestro. No sólo consiguió, ya con cierta facilidad, escalar y establecerse en la esfera de la Nada, cuyo acceso le había mostrado Alara, sino que logró hallar el ojo de buey hacia la esfera de la percepción y de la no-percepción, un estado de paz inconmovible, pero que todavía no era suficiente para Siddharta. Ahora el príncipe conocía métodos para recorrer estados sublimes e inefables de la mente, eliminar las ideaciones, unificar la conciencia y absorberse en una inmensa quietud, pero ¿cómo poner fin definitivamente al sufrimiento? Si hay dolor, se dice, tiene que haber alguna causa e incluso algún modo de emerger del universal sufrimiento que alcanza a todas las criaturas vivas.

Siddharta se mostró franco con el bondadoso Uddaka y le dijo:

—Amado y respetado maestro, he alcanzado la esfera de la percepción y de la no-percepción, pero quiero ir más allá.

—Sólo hasta esa esfera he llegado yo —respondió Uddaka—. No puedo darte más porque no tengo más para mí.

Así como Alara solicitó a Siddharta que compartiese con él las labores de magisterio, Uddaka le pidió que fuera su maestro. Pero Siddharta tenía que proseguir con su singladura espiritual. Llevaba meses de denodados esfuerzos, pesquisas espirituales, ejercitamientos vigorosos, privaciones y austeridades, pero las preguntas sin respuesta no estaban resueltas. No debe de ser fácil abandonar a un maestro como Uddaka. Tampoco fue fácil dejar a Alara. Y menos fácil fue renunciar a un reino, un padre, una esposa y un hijo. Para Siddharta el sentido de la vida residía en su búsqueda sin límites, sin treguas, sin descansos. ¡Cuántos maestros había conocido! ¡Cuántas escuelas metafísicas! ¡Cuántos eremitas, *sadhus* y renunciantes! Pero seguía sin conocer los orígenes del sufrimiento y menos aún cómo superarlo. Nadie a lo largo de la historia de la humanidad ha puesto tanto énfasis como el Buda en el sufrimiento, pero, precisamente, con la intención de emerger de él. Asimismo, nadie investigó tanto en la propia mente y en la de los demás. Su indagación le llevó a comprender que la mente está llena de trabas que impiden la visión que conforta y libera. Uddaka se quedó con sus cientos de discípulos, pero perdió a Siddharta: un yogui genuino sigue los dictados del corazón y la voz de la Búsqueda. Siddharta volvió a degustar el amargo sabor de la separación de los seres queridos.

Ascesis

El silencio es perfecto en los parajes de las cuencas del Ganges, y contrasta con los bulliciosos pueblos y ciudades próximos a su cauce. El calor puede llegar a ser muy intenso, pero a orillas de los ríos y en los bosquecillos se hace más soportable. Tras haber tomado Siddharta la decisión de convertirse en su propio maestro y de perseguir sin descanso las huellas de la Sabiduría, se estableció junto al río Nairanjana. Lo que no había podido lograr con el *sadhana* pretendía obtenerlo mediante extremadas penitencias de todo orden. Hay que decir que desde la noche de los tiempos hubo en la India penitentes que se entregaron a feroces austeridades, hasta el punto de que muchos perdieron la cabeza o enfermaron gravemente el cuerpo, e incluso algunos hallaron la muerte. Siddharta adoptó entonces esa actitud. Aunque había escalado a la cima de la conciencia pacífica y unificada, anhelaba más. Así, en Uruvela, junto al río, dio comienzo a una etapa de su vida que estaría marcada por las más crueles y despiadadas automortificaciones. Si sometiendo la mente no había logrado la meta, debía tratar de hacerlo ahora mediante el más implacable sometimiento del cuerpo.

En la llanura gangética, Siddharta se ensayó en castigar su cuerpo. Con ánimo impávido, y sin miedo a perder la vida o caer en la locura, se sometió a prolongados ayunos, a dolorosas penitencias y a un sueño restringido. En su afán por encontrar lo Incondicionado, hizo de su propio cuerpo un enemigo al que castigar sin piedad, evitando sus propensiones, mitigando sus instintos, conteniendo sus apetencias y frustrando sus necesidades primarias. Cuando se alimentaba, lo hacía con un poco de arroz y algunos encurtidos; cuando dormía, no era más de dos o tres horas. Soportaba el sol implacable del mediodía, cargaba rocas, atormentaba su cuerpo, castigaba sus miembros, recurría a todas las penitencias típicas de la época (y que muchos todavía practican hoy en día), y adquirió fama de ser el penitente más implacable y autoexigente.

Vienen a contemplarlo gentes de los pueblos y ciudades de la llanura, y todos se asombran con las mortificaciones del que fuera príncipe. Es considerado un santo, el faquir de faquires, un eremita insuperable. Pero Siddharta no presta atención a los que le contemplan o vienen a visitarle;

bastante tiene con fustigar, someter y subyugar a su cuerpo. Y así transcurrieron los días en el solitario paraje, importunado sólo por aquellos que, atónitos, le observaban. ¿Hasta dónde puede llegar la resistencia humana? ¿Hasta dónde y hasta cuándo podrá resistir esa envoltura carnal? Tan asombrosas proezas de automortificación corren de boca en boca: un santo no pasa desapercibido en la India. Siempre habrá quien tienda a adorarlo y a exagerar su santidad.

Igual que las aguas del fabuloso y sagrado río Ganges no dejan ni por un instante de fluir, de igual manera Siddharta persistía en someterse a severa austeridad. Su rostro había perdido el lustro de los años pasados y sus ojos eran como estrellas que habían perdido la luz. La carne hermosa de su cuerpo había cedido a la piel reseca y apergaminada, agarrándose a las costillas y a los miembros. Pasaba días sin dormir más que una hora y alimentándose con un simple grano de mijo. Pero la gran invitada, tan ansiada y esperada, la Sabiduría, se negaba a presentarse.

Los días se suceden muy lentamente en esas latitudes de la India, como si el tiempo estuviese suspendido, y el ritmo de la naturaleza es lento, apenas quebrado por las densas lluvias del monzón. Pero una tarde, cuando Siddharta iba a remozar sus extenuadas fuerzas dándose un baño en el río Nairanjana, vio a lo lejos a unos hombres que se aproximaban hacia él. Iban arropados con la túnica anaranjada, de modo que en seguida pudo saber que se trataba de renunciantes. Como una nube anaranjada que se acercaba a él, cinco hombres se situaron frente al penitente Siddharta y le saludaron. Uno de ellos rompió el silencio penetrante de la tarde para expresarse así:

Stupa *de Sanchi, donde hay reliquias de los
más importantes discípulos de Buda.*

Pórticos de la stupa *de Sanchi.*

—Somos *sannyasins* y suponemos que tú eres Siddharta, el que fuera príncipe de los sakyas, hijo del monarca Suddhodana, esposo de Yasodhara y padre de Rahula.

—Así es —afirmó Siddharta.

En ese momento uno de los renunciantes exclamó alborozado:

—¡Siddharta, hijo mío, bien hallado! No puedes reconocerme, pero yo soy Kondañña, el brahmán que predijo que no te convertirías en un monarca universal, sino en un iluminado, en un buda viviente. ¡Bendito seas!

En efecto, aquél era Kondañña, el brahmán, ahora ya en la ancianidad, pero todavía en la larga marcha hacia la autorrealización. Iba acompañado de otros cuatro *sannyasins*: Bhaddiya, Vappa, Mahanama y Assaji, todos verdaderos buscadores de la última realidad, aunque todavía tenían la mente empañada y se aferraban a conceptos religiosos tradicionales. Influidos por el clima espiritual de la época, valoraban, por encima de todo, el ascetismo y las penitencias severas. Apelaban más al autocastigo que a la verdadera y clara comprensión liberadora.

Hay una versión que nos dice que estos cinco renunciantes (que habrían de ser posteriormente los primeros discípulos de Buda) eran discípulos de Uddaka que abandonaron a su maestro para seguir a Siddharta; pero mucho más probable es que acudieran a visitarle tras haber escuchado noticias de su santidad y del rigor de sus austeridades. El caso es que inmediatamente se quedaron con el que fuera príncipe, le confesaron su admiración profunda y sus anhelos de seguir sus pasos.

Seguramente estos hombres llevaban muchos años buscando un maestro al que imitar. Es muy probable que hubieran conocido muchos mentores, pero también que no hubieran hallado las claves místicas del real autodesarrollo que estaban buscando. Siddharta se convertía en un estímulo para ellos. Algunos de edad avanzada, y todos curtidos en una búsqueda larga de medianos resultados, se afanaban por hallar un amigo espiritual que, con renovada e inquebrantable energía, les sirviera de ejemplo y de faro. En el vigor ascético de Siddharta encontraron y revitalizaron su propio vigor; y en la implacable austeridad del que se convertiría en el Buda hallarían nueva savia espiritual. Además, ¿no había proclamado Kondañña que el destino de Siddharta era convertirse en un iluminado? Para el anciano (¿qué no sabría él de maestros, escuelas, métodos y metafísicas?) Siddharta era su última oportunidad de hallar una lámpara que los guiase hasta el tan esperado y ansiado Nirvana.

No distrajeron estos anacoretas a Siddharta ni le quitaron un ápice de entrega a las penitencias, sino que más bien parece ser que fue al contrario. Ellos estaban encantados con las proezas ascéticas de su maestro (como tal le tomaban), y cada día admiraban más su tenacidad para mortificar el cuerpo y someter las propensiones sensoriales. Cuanto más se esforzaba Siddharta, más complacidos se sentían. Cabe suponer que también ellos se daban a toda suerte de rigores ascéticos.

Unos días sucedían a otros. Siddharta se recreaba en un camino de automortificación que desgastaba y avejentaba su cuerpo, pero que no abría el ojo de su sabiduría. Llegó un momento en que su envoltura física no era más que un arruinado amasijo de huesos y carnes resecas. Al menos con las técnicas de los dos grandes yoguis Alara y Uddaka había conseguido escalar a estados cumbre de la conciencia, pero con sus automortificaciones no hacía otra cosa que embotar su mente y herir de gravedad su cuerpo. Con la meditación había conquistado las esferas de la vaciedad y de la percepción y no-percepción, pero con la rutina ascética no había hecho otra cosa que estropear su cuerpo. ¿Acaso todo ello había purificado las raíces de su mente o había desarraigado de verdad sus códigos negativos más profundos? En absoluto. Su proceder sólo había levantado habladurías, le había hecho obtener fama de aguerrido faquir y, eso sí, tenía embelesados a sus cinco compañeros, ufanos de la intrepidez ascética de Siddharta.

La búsqueda de la realización es sinuosa como pocas. Así me lo han hecho saber a mí mismo muchos maestros. En su camino hay trampas, emboscadas y cebos, y los obstáculos que se presentan no están exentos de riesgo. En el camino surgen senderillos colaterales por los que a veces nos extraviamos. Siddharta había gastado un buen número de años entre lujos y desenfrenos sensoriales, y ahora consumía otro buen número entre automortificaciones y privaciones innecesarias. Pero todo ello formaba parte de su búsqueda y de su destino: al haber conocido los extremos, comprendería la necesidad de seguir el camino del medio.

Un día como otro cualquiera... aparentemente, este hombre diligente en la búsqueda tuvo un destello de inmensa comprensión. De súbito, tomó conciencia del calamitoso estado de su cuerpo. Sus ojos estaban hundidos en sus cuencas, más apagados que los de un agonizante, sus labios habían perdido todo su color, sus manos estaban temblorosas, y las piernas apenas podían sostener su esquelético cuerpo. El que fuera tan hermoso era ahora feo y achuecado. Había envejecido, en poco tiempo, como en una veintena de años. Estaba en la frontera entre la vida y la muerte. ¿Y qué había conseguido? Encorvado y débil, sometido a toda clase de penalidades, casi nada había avanzado en la senda del auto-conocimiento. Cuando se percató lúcidamente de ello, se sintió estremecido. Había pasado del extremo del lujo y del desmesurado placer de los sentidos al de la más implacable automortificación. Si en el fasto del palacio no había ha-llado paz ni sabiduría, tampoco la había encontrado en la severidad de sus penitencias. Tal descubrimiento debió de ser doloroso e impactante. Había embadurnado su cuerpo con cenizas funerarias y soportado imperturbable los calores y fríos extremos; había reducido su alimentación a un puña-do de granos de sésamo y acortado al mínimo imaginable su período de sueño; había, en suma, ensayado toda suerte de penitencias perpetuadas por los penitentes más aguerridos durante milenios. Pero ¿había cambiado su percepción? ¿Era su visión más lúcida y liberadora? ¿Se había purificado el trasfondo de su mente? ¿Se había establecido en una paz definitiva? No era la respuesta tajante que tenía inevitable-mente que darse a sí mismo. Tan envejecido estaba que ni él mismo podía reconocer su propio cuerpo.

Periódicamente el monarca Suddhodana enviaba una persona de su corte para que viese al príncipe y luego le informara. Se supo así en Kapilavastu que el que fuera atractivo y seductor era ahora un anciano débil y afeado.

Siddharta se preguntó, entonces: «¿Es posible, con un cuerpo arruinado y sin energía, obtener algún logro espiritual?». Y hubo de responderse de forma negativa. Aceptó de este modo la realidad amarga de que apenas había avanzado interiormente. Percibió de golpe que era necesario retomar la vía segura de la meditación e ir más allá del plano que había alcanzado mediante la guía de sus dos principales mentores. Pero ¿cómo poder meditar con un cuerpo que apenas se sostenía por sí mismo y que al estar tan débil atrofiaba la mente y aturdía la conciencia?

Decidió entonces reponerse físicamente y emprender, con entusiasmo renovado, la vía de la meditación. Abandonó las despiadadas prácticas ascéticas y comenzó a cuidar su debilitado cuerpo. Tal actitud desencantó irremediablemente a sus cinco compañeros. No comprendían que su guía se dedicara a la complacencia y al cuidado corporal, y que abandonara sus laudables penitencias. No podían creerlo. Esperaron un tiempo, con la esperanza de que Siddharta recobrara el juicio espiritual y retornase a las austeridades. Pero Siddharta había visto con claridad: los extremos son trampas, emboscadas. Sólo hay un camino: el del medio, el de la ecuanimidad. Cuando los cinco ascetas comprendieron que había dejado definitivamente la vía de la automortificación, le dijeron:

—Siddharta, sospechamos que has abandonado tu búsqueda. No seguiremos en tu compañía. Partimos hacia Varanasi, tristes porque has cejado en tus empeños.

Así como vinieron un día, otro partieron los cinco *sannyasin*, en dirección a Benarés, sin duda defraudados. Esos hombres, de corazón honesto y mente recta, seguían su búsqueda, y Siddharta volvía a su soledad de antaño. Pero su visión había cambiado. Tenía cerca de treinta y cinco años de edad.

¿Qué sería de su amorosa Yasodhara y de su querido hijo? ¿Qué sería de su padre y de su reino? Sin embargo, no había lugar para la nostalgia, y menos para la condolencia. Había invertido parte de su vida en la complacencia sensorial y otra parte en la automortificación más implacable. Pero en esas vías no se hallaba la senda hacia lo Incondicionado. Tan nocivo es el apego al deleite sensorial como al deleite ascético. Volvería ahora al seguro y prometedor camino de la meditación. Si todo se fundamenta en la mente, ¿no es en el escenario de la mente donde hay que trabajar para hallar la comprensión que todo lo revela y pone fin al sufrimiento?

El día era claro y hermoso, porque en la mente de Siddharta había claridad y hermosura. Mientras, los cinco ascetas habían puesto rumbo a la sacrosanta Benarés y el confidente del monarca había corrido a dar la buena noticia de que Siddharta había abandonado las severas austeridades: el que un día fuera príncipe de los sakyas iba poco a poco reponiéndose. Una joven gentil y generosa iba tímidamente y por poco tiempo a entrar en el curso vital de Siddharta. La muchacha se llamaba Sujata. Era la hija del jefe del pueblo y se había sentido muy apenada mientras veía cómo el apuesto joven iba lacerando su cuerpo sin piedad y arruinando su porte noble y su belleza. Ella había tratado de ofrendarle alimentos en distintas ocasiones, pero Siddharta los había rechazado cortésmente. Era una joven caritativa y tierna, que a diario repartía alimentos entre *sadhus* y mendigos, que ella misma, con indecible amor, preparaba.

Siddharta, para reponer su cuerpo, había vuelto a mendigar. Diariamente meditaba y luego mendigaba sus alimentos. Pero un día, la doncella de la sutil Sujata, de nombre Purna, se aproximó a Siddharta y le dijo:

—Señor, tú sabes que desde hace mucho tiempo mi señora quiere ofrendarte alimentos. ¿Le permitirías ahora hacerlo?

—Sea así —convino Siddharta.

Purna corrió alborozada hasta la joven y le hizo saber que Siddharta aceptaría la ofrenda. Sujata preparó arroz con leche y lo colocó sobre una bandeja de oro. Luego se aproximó hasta Siddharta y le hizo la ofrenda. ¡Se sentía tan feliz! Siddharta le agradeció la ofrenda y después dividió el arroz en cuarenta y nueve porciones, para poder alimentarse durante otros tantos días. Al atardecer se dirigió al bosque para sentarse bajo una higuera en meditación profunda. Un segador, de nombre Svastika, le obsequió con una brazada de hierba kusa. Siddharta colocó, a modo de asiento, la hierba bajo la higuera y se sentó sobre ella. El día caminaba al encuentro de la noche. Siddharta cumplió entonces treinta y cinco años de edad, y se dijo a sí mismo: «Aunque se agoten mi piel, mis nervios y mis huesos; aunque se seque la sangre que me proporciona la vida, no me levantaré de aquí hasta que haya alcanzado la suprema liberación».

En las maravillosas llanuras del Ganges, un hombre se situaba como firme vínculo entre la tierra y el cielo. Era la figura menuda pero resistente de un meditador dispuesto a acceder a realidades supremas. Erguido, en la arquetípica postura del loto, serena la respiración e introvertida la mente, daba comienzo al gran viaje. Graznaban los cuervos de la India al atardecer, y olía a heno y jazmines. Muy lejos, Suddhodana mantenía a su nieto abrazado junto a su pecho, la hermosa Yasodhara bordaba una tela con primor y los nobles sakyas se habían olvidado del que fuera su príncipe. Siddharta miraba el discurrir de todos los fenómenos desde dentro y fuera de sí mismo e iba a la conquista del sufrimiento.

La Iluminación Definitiva

Sentado en postura meditativa, bajo una higuera, Siddharta emprendió su viaje interior hacia los más elevados y liberados estados de la conciencia. Habían transcurrido seis años desde que abandonara el palacio. Años de estudio, de investigación, de prácticas meditativas y rigurosas penitencias. Durante esos años había mantenido una conducta impecable y había combatido, denodadamente, contra las raíces de lo perverso que moran en cualquier mente humana hasta que es purificada por completo. Había conocido a grandes maestros que le enseñaron a obtener sublimes estados de conciencia y arrobamientos, pero no había conseguido aprehender la sabiduría liberadora.

Aquélla fue una noche larga, más allá del tiempo, inespacial, pero fructífera. En los umbrales de la liberación, no pueden dejar de brotar las más abismales reacciones del subconsciente, los instintos sometidos pero no apagados y las propensiones contenidas aunque no erradicadas. Siddharta fue tentado por todo ello: su mente escapaba y trataba de recrearse en lo poderoso que hubiera podido llegar a ser como monarca universal, con los placeres y lujos del palacio, y con los cuerpos procaces, voluptuosos y saturados de pasión de las hermosas concubinas.

Mara, el tentador, lo ponía a prueba, pero un hombre que ha sido capaz de entregarse a los más diversos métodos para controlar el pensamiento y que ha pasado por extremas pruebas de ascetismo puede, firmemente, ganarle la batalla al poderoso Mara.

En tales momentos, el futuro Buda se enfrentó con dudas, tribulaciones, miedos, apegos y aversiones, así como con ese lado oscuro de la mente humana parecido a un pozo negro sin fondo. Pero Siddharta había tomado ya la gran determinación: obtendría el logro más alto o sucumbiría. Durante un momento, la tentación se hizo tan intensa, que Siddharta tocó con los dedos de la mano derecha la tierra y la tomó como testigo para no ceder. Este gesto aparecerá posteriormente representado en infinidad de imágenes del Buda y se convertirá en un signo inspirador y religioso muy destacado para los budistas.

Ayudándose de las técnicas yoguis que había ensayado con brillantez con grandes maestros, Siddharta va logrando

*Yogui de la India que nos recuerda a los maestros
de yoga que tuvo el Buda.*

un poderoso estado de abstracción de su mente. Recorre todos los grados posibles de absorción mental, unifica su conciencia como una lupa concentra los rayos solares y se establece en un estado de inquebrantable firmeza psíquica. Su concentración va más allá del pensamiento, salta allende la mente ordinaria, suspende las ideaciones y penetra en el ángulo de quietud donde todo concepto está ausente. Tal sucedió durante la primera vela.

Fortaleciéndose anímicamente e inspirándose en la energía de los anteriores budas, Siddharta prosigue la búsqueda, en la segunda vela. Ante su mente supraconsciente aparecen sus anteriores existencias, con todos sus eventos y situaciones. Se aplica en la meditación consistente en la vigilancia de la respiración. Intensifica su concentración y desarrolla en su mente comprensiones muy profundas y liberadoras. Ya en la primera vela se había servido del ejercicio que le permitía recorrer los distintos grados de absorción mental, los cuales le proporcionan conocimientos y vivencias supracotidianos. Pero con la intensificación meditativa, va consiguiendo cada vez grados más profundos e iluminadores de abstracción. Conoce directa e intuitivamente todas las esferas. Con su visión intuitiva realiza todo el proceso denominado «Originación dependiente» y lo entiende en sentido directo y en sentido inverso. A medida que avanza la noche, percibe clarividentemente las tres características básicas de la existencia: insatisfactoriedad, impermanencia e insustancialidad. Comprueba cómo los fenómenos ruedan y ruedan sin que haya en ellos una verdadera entidad personal. Contempla todos los fenómenos de manera interdependiente, surgiendo y desvaneciéndose sin cesar.

Con visión cabal, esclarecedora y penetrante, entra en el modo final de ser de todos los fenómenos y percibe fuera y dentro de sí mismo la transitoriedad de lo condicionado. Libera su mente de la ofuscación, la avidez y la aversión, y por fin aprehende la causa del sufrimiento y la vía para evitar todo dolor.

En la tercera vela, el conocimiento supremo despunta en sí mismo como el sol va despuntando en el inmenso y hermoso cielo de la planicie del Ganges. Ya no queda en Siddharta traza de miedo o deseo. Tras agotarse la noche de luna llena en mayo, sobrevendrá un amanecer reconfortante y pleno. Desde la inmensa quietud de sus elevadas absorciones mentales, observó en estado de hiperconciencia el surgimiento y desvanecimiento de todos los fenómenos y halló la causa del sufrimiento. Si todo es impermanente, todo es insatisfactorio. Si hay apego, hay dolor. Si nada tiene sustancia, el ego es una ilusión mórbida y esclavizante. Al revelársele la verdadera naturaleza de lo condicionado, Siddharta alcanzó lo incondicionado: el Nirvana. Ponía así término a toda su aflicción, pena, sufrimiento, apego y miedo. Se convirtió en un iluminado, en un buda. Desde entonces se le conocerá como el Bendito, el Bienaventurado, el Tathagata (aquel que ha realizado su «budeidad»), el Iluminado o, simplemente, el Buda.

Amanecía cuando Siddharta, el Buda, se dijo:

Yo mismo, sometido al nacimiento, envejecimiento, enfermedad, muerte, pena y contaminación; apreciando el peligro que se cierne sobre cuanto está sujeto a estas cosas; anhelando aquello que no está sometido a nacimiento, envejecimiento,

enfermedad, muerte, pena ni contaminación, la suprema
emancipación, experimenté el Nirvana. Nacieron en mí el
conocimiento y la visión; mi liberación espiritual es incon-
movible. Éste es mi último nacimiento, ya no habrá devenir
ni renacer.

Sentía una paz sublime y una prodigiosa ecuanimidad,
el gozo indefinible de la emancipación total. Había hecho
cuanto debía hacer; había llegado a donde era necesario llegar, a la meta de la Enseñanza o *Dharma*: el Nirvana.
Descubrió, hiperconscientemente, que la enfermedad es el
sufrimiento, que el origen de éste es el anhelo o la «sed» y
que el dolor puede ser erradicado si se sigue el sendero adecuado. Había encontrado, pues, la enfermedad, su origen y
su curación. A través de la pureza de la mente había llegado a la pureza del corazón. Comprendió la necesidad de cultivar la genuina moralidad, el entrenamiento psicomental y
el desarrollo de la Sabiduría para ganar el Nirvana. Ese amanecer había entrado a formar parte del prolongado linaje de
los budas o despiertos.

Perdiendo la mirada en el horizonte, el Buda exclamó:

Pasé a través de muchos nacimientos,
buscando en vano el constructor de la casa,
mas, ¡oh armador de casas!, has sido hallado.
Nunca más idearás por mí.
Mi mente ha pasado a la quietud del Nirvana.
¡La desaparición del deseo se ha alcanzado por fin!

¡Qué gozo, qué paz, qué sublimidad! Después de seis años de esfuerzos denodados y de haber llegado al límite de la muerte, Siddharta, el Buda, experimentó una dicha inenarrable.

Durante cuarenta y nueve días permaneció en un estado de sublimidad y de paz infinita. Su alegría era indescriptible; una dicha insuperable, tal es la sensación cuando sobreviene lo Incondicionado. Había quemado todos los códigos y condicionamientos y su «persona» era como un junco hueco por el que circulaba la energía total, procurándole un sentimiento de inefable quietud y gozo. No hay tesoro como esa libertad interior, ni gema tan valiosa que esa sensación de infinitud. Era tanta su dicha que, después de cuarenta y nueve días de regocijo, Buda vio la necesidad de aliviar el sufrimiento de todos los seres humanos. Él era un buda más en la cadena de los budas que le habían precedido. La Doctrina no podía ser como una lámpara sólo para sí mismo. La Enseñanza, o *Dharma*, debía ser llevada a los otros, mostrada y explicada hasta donde fuera posible; porque, desde el primer instante, Buda entendió que no todo es explicable y que, además, el buscador no debe perderse en divagaciones o abstracciones metafísicas, sino ir a lo fundamental: la erradicación de la causa del sufrimiento. Para el Buda el sufrimiento era una enfermedad. No adornaba ni maquillaba el sufrimiento, jamás lo dignificó ni le concedió ningún valor especial, y mucho menos le daba un pretexto o recurría a razones morales para justificarlo. El sufrimiento es la gran enfermedad; la vida acarrea dolor, y nuestra mente ofuscada intensifica, recrea y potencia ese dolor.

Después de todos esos días de sublimidad, el Buda tomó la firme determinación de proceder a la difusión del *Dharma*. Por lo que hasta ahora conocemos de él, el lector sabe cuán firme era en sus resoluciones. Así, durante cuarenta y cinco años se entregó a la propagación de la Enseñanza. Fue amado por muchos, pero también encontró gente aviesa que trataba de hacerle el mal, le insultaba y le calumniaba. Muchos le siguieron, aunque pocos le entendieron realmente, y menos aún hallaron el Nirvana.

Tras su muerte, surgieron discusiones filosóficas sin fin, debates dialécticos sobre lo que el Buda quiso o no quiso decir, polémicas metafísicas innecesarias, conjeturas y elucubraciones. El budismo original, la verdadera enseñanza del Buda, al penetrar e instalarse en otros países, tendrá que hacer no pocas concesiones e incorporar, a menudo, a sus enseñanzas, otras enseñanzas místicas o mágicas del país al que ha accedido. Así, entre el budismo original y sus escuelas, hay a veces muchas más diferencias que entre el budismo y el *vedanta* o el *samkya* hindúes. Aunque el mismo Buda consideró un obstáculo el apego a los ritos, hay escuelas budistas que se sirven del rito con exageración y que lo han tomado como elemento principal. Aunque el mismo Buda rechazaba toda esencia en la mente o naturaleza humana, hay escuelas budistas que la aceptan y promueven. Y, a pesar de que el mismo Buda se negó a toda magia, secretismo, chamanismo, técnicas ocultistas o métodos esotéricos, hay escuelas budistas más que teñidas por tales prácticas. Buda, consciente de cuán proclive era el ser humano a perderse en lo accesorio y a dar la espalda a lo esencial, jamás se enredó en divagaciones sobre lo incognoscible.

Insistía en la necesidad de poner fin al sufrimiento mediante la vía de la purificación y el autoconocimiento, y en no perderse en inútiles divagaciones metafísicas.

Aunque seguramente él mismo ya intuía la dificultad de que los demás entendieran la Enseñanza, jamás dudó en asumir su papel de maestro. Pero siempre apeló a la inteligencia humana, no se mostró impositivo ni arrogante, y siempre fue cortés, accesible y tolerante.

Decidido a procurar enseñanzas para que los demás siguieran la ruta marcada por los budas de todos los tiempos, Siddharta, el Buda, el que un día había sido príncipe sucesor, se puso en marcha en busca de aquellos que quisieran oírle. Pero, antes que nada, por haberse sentido siempre profundamente agradecido a sus maestros Alara y Uddaka, quiso compartir con ellos su Sabiduría. Supo, empero, que estos grandes yoguis habían muerto, pero que, sin embargo, continuaban vivos sus antiguos compañeros de ascesis. Tuvo noticias de que se hallaban en Isipatana, el parque de los Ciervos, en las proximidades de Varanasi. Sin demora, el Buda se dirigió hacia allí. ¿Cómo fue entonces recibido por sus antiguos amigos de búsqueda? Por los caminos vastos de la planicie camina el Buda. Tiene treinta y cinco años de edad. Ha recobrado el vigor físico y la motivación más alta ilumina su corazón.

La Rueda de la Ley

No es de extrañar que el Buda tuviera sus dudas antes de decidirse a exponer la Enseñanza. Sabía que para aquellos cuya mente estaba empañada por la ignorancia y la ofuscación, su doctrina pasaría desapercibida y sería incluso menospreciada. Los que, por el contrario, ya habían emergido de esa ignorancia básica no necesitaban la Enseñanza. Pero —reflexionó— quedaban aquellos, tal vez muchos, vacilantes entre la pureza y la impureza, lo correcto y lo incorrecto. Por compasión infinita hacia ellos, precisamente, Buda se decidió a dedicar su dilatada existencia a divulgar la más alta Enseñanza.

Lo haría sin ocultar nada y en su día iba a declarar: «El secreto es el distintivo de una falsa doctrina». Por otro lado, no fue nada fácil la labor del Bienaventurado. Hay que tener presente que Siddharta predicó una Doctrina que se consideraba herética, en cuanto negaba la existencia de un alma y de un permanente principio supremo. Encontró, de esta manera, una fuerte resistencia entre los brahmanes o custodios del hinduismo. La suya fue considerada desde el primer momento una doctrina heterodoxa, es decir, no inspirada en las fuentes védicas. Siglos después, los hindúes tendrán la habilidad de considerar a Buda una encarnación del mismo Vishnú, incorporándolo así a su panteón de *devas* (deidades) y camuflándolo en sus líneas ortodoxas.

Después de enterarse el Bendito de la muerte de sus dos maestros más relevantes, y diciéndose para sí: «Lástima por ellos; bienaventurados sean», se puso en marcha hacia la sagrada Benarés, junto al caudaloso río Ganges. Paradójicamente fue en las cercanías de Benarés donde Buda pronunció su primer sermón. Decimos paradójicamente porque Benarés ha sido siempre el gran bastión del hinduismo ortodoxo; allí han florecido grandes maestros espirituales, sutiles metafísicos y grandes *rishis* (sabios). En las aguas del Ganges, desde antaño y aun hoy en día, siguen haciendo sus abluciones miles y miles de devotos hindúes todos los días; junto a sus aguas se queman los cadáveres y se arrojarán las cenizas al seno del sacrosanto río.

Su viaje a pie duró algunas semanas. Después de llegar a Varanasi, Buda se trasladó hasta el parque de los Ciervos, a unos kilómetros de la ciudad. Desde allí divisó, a lo lejos, a sus cinco antiguos compañeros. No piensen que éstos, al percatarse de la presencia de Siddharta, se incorporaron hospitalarios y alborozados a saludarle. En absoluto, simplemente se limitaron a ignorarle. Entonces Buda se dio cuenta de que, a pesar del tiempo transcurrido, seguían dolidos por haberlos defraudado en sus expectativas. Sin embargo, la energía amorosa de su corazón purificado les irradió benevolencia y compasión. Los ascetas percibieron su amor y al punto modificaron su actitud. Se levantaron, se acercaron a Siddharta y le abrazaron con enorme cariño e ilusión. Buda —hay que decirlo en seguida— siempre creyó en el poder infinito de la compasión, y consideró que «jamás el odio puede ser combatido por el odio: es una ley eterna». Es por esa compasión infinita que el Buda irradió y que siempre recomendó cultivar, que nunca en su nombre se ha derramado una sola gota de sangre. Ello llevó al agnóstico filósofo Bertrand Russell a declarar que si hubiera de adscribirse a alguna religión, sería al budismo.

Buda habría deseado compartir sus intuiciones en primer lugar con sus maestros yoguis, pero como habían muerto, considera que los cinco ascetas son las personas más idóneas para recibir en primer término la Enseñanza.

Buda dice a sus compañeros que no tengan sombra de duda. Se ha liberado definitivamente. Deben creer en él. Y creen; claro que creen nada más haber experimentado su atmósfera de paz y amor. De repente, los cinco *sadhus* se sienten muy regocijados y quieren escuchar al Maestro. El Buda y los ascetas se sientan apaciblemente en el parque de los Ciervos, y Buda pone en marcha la Rueda de la Ley, día glorioso y siempre conmemorado para el budismo. El

Tathagata ofrece las bases nucleares de su enseñanza. Se expresa así:

¿Cuál es la Noble Verdad del Sufrimiento? Nacer es sufrir, envejecer es sufrir, morir es sufrir; la pena, el lamento, el dolor, la aflicción, la tribulación son sufrimiento; estar sujeto a lo que desagrada es sufrimiento; no conseguir lo que uno desea es sufrimiento. En una palabra, los cinco agregados de apego a la existencia son sufrimiento.

¿Y cuál es la Noble Verdad del origen del Sufrimiento? Es el deseo que, indisoluble del deleite y de la pasión, persiguiendo el placer por doquiera, os lleva a renacer una y otra vez.

¿Y cuál es la Noble Verdad de la Cesación del Sufrimiento? El completo cesar y desvanecerse del deseo, el abandonarlo, renunciar a él, liberarse y despegarse de él. A esto se llama la Noble Verdad de la Cesación del Sufrimiento.

¿Y cuál es la Noble Verdad del Camino que conduce a la Cesación del Sufrimiento? Entregarse a los placeres de los sentidos es cosa baja, indigna, vulgar, innoble y nada provechosa; entregarse a mortificaciones rigurosas es cosa dolorosa, innoble y nada provechosa. Éstos son los extremos que evita el Camino del Medio, comprendido a la perfección por el Perfecto; el Camino que proporciona la visión y el conocimiento y que conduce a la paz, al conocimiento directo, a la iluminación, y, en definitiva, al Nirvana. Éste es el Noble Óctuple Sendero que conduce a la cesación del sufrimiento y que está integrado por la recta opinión, el recto modo de pensar, la recta palabra, la recta conducta, el recto sustentamiento, el recto esfuerzo, la recta atención y la recta concentración.

La gran stupa *de Sarnath, donde Buda pronunció su primer sermón (India).*

De los cinco ascetas, el primero en entender al punto la Enseñanza fue Kondañña, hombre ya de gran madurez mística. Buda lo captó así y declaró:

— Kondañña sabe, Kondañña sabe. Desde ahora le llamaremos Aññattar, el que sabe.

Kondañña fue nombrado por Buda el primer monje (*bhikkhu*) de la Orden budista. Después, los otros cuatro yoguis también hallaron la comprensión directa e hiperlúcida y fueron los siguientes monjes. Todos ellos alcanzaron el Nirvana, lo que demuestra hasta qué punto estaban ya maduros para lograrlo. Sólo les faltaba el especial «toque» del Buda para poder hacerse con él. Quedaba así fundado el *Shangha* u Orden y los cinco yoguis se convirtieron en *arahats*, o perfectos iluminados. Buda les había mostrado la Buena Ley, la Enseñanza que no se recrea en los extremos y que no es ni eternalista ni nihilista. Como Buda comprendía que lo incognoscible escapa a la pobreza y limitaciones del lenguaje, siempre prefirió no definirse sobre aquello que cae dentro de tal esfera. Él siempre insistía: «He descubierto el sufrimiento y la causa del sufrimiento. Predico lo que es útil para superar el sufrimiento». Pragmático y directo, nada dado a inútiles abstracciones, ni siquiera se definió sobre el Nirvana, reconociendo que tal estado es por su propia naturaleza indefinible y que se experimenta o no se experimenta. No se perdía en especulaciones, y era lo suficientemente cuerdo y honesto para no hablar sobre lo que sólo se puede guardar silencio. Exhortaba a vivir el momento, y a trabajar místicamente a cada instante. Lejos de cualquier dogmatismo y en especial de toda superstición, mostraba un camino directo, e invitaba a la comprensión personal de lo que se estaba haciendo y del porqué. Nunca quiso que le siguieran ciegamente ni fomentó ningún tipo de culto a su persona (a lo que siempre han sido tan dados muchos gurús en la India, que reclaman incluso la abyección de sus discípulos). Se limitó a mostrar, con la mayor claridad posible, la vía. Insistía en la necesidad de cultivar la todopoderosa atención y esa energía de claridad, precisión y cordura que es la ecuanimidad. Invitaba al desapego, a la compasión y a la entrega. Sabía que de la inteligencia brota clarificado el amor genuino. No arengaba con equívocos ni se extendía sobre lo que escapa a lo conceptual. Ni se inclinaba por la Nada ni por el Todo. Su propia iluminación le había hecho entender que lo que está más allá de lo condicionado no es inteligible mediante la razón y se sale de toda posible especulación.

Al día siguiente de poner en marcha la Rueda de la Ley, recibió la visita de un joven que vivía en Varanasi y se llamaba Yasa. Tras acercarse al Bienaventurado, el joven —que era hijo de un acaudalado banquero— dijo:

—El Bendito me perdone por molestarle, pero ayer, como pude, desde la distancia, escuché tu sermón y lo recibí en lo más profundo de mi corazón. La vida de hogar ha dejado de interesarme por completo y me resulta encadenante. Quiero la libertad de un renunciante.

Buda le habló sobre la vida libre de ataduras sociales y familiares, y luego mostró el *Dharma* al joven. Cuando Yasa recibió la Enseñanza, alborozado se apresuró a decir:

—Señor, hay cincuenta y cuatro amigos míos que anhelan dejar la vida de hogar y seguir la ruta hacia la liberación suprema.

El Buda pidió que vinieran a verle aquellos jóvenes y poco después todos estaban a su alrededor. Les habló sobre las tres características básicas de la existencia y del apego como fuente de sufrimiento, gran atadura y traba mental. Todos eran jóvenes muy maduros espiritualmente y captaron lo esencial de la Enseñanza al escuchar al Tathagata. Buda los aceptó como monjes y los exhortó a que se ayudaran siempre los unos a los otros, y para que fueran en todas las direcciones enseñando el *Dharma* a quienes quisieran recibirlo. Les insistió en la necesidad de meditar y de mostrar el método meditativo; les pidió que mendigaran en silencio sus alimentos y que no durmieran en las ciudades; les exigió que jamás hicieran gala de poderes psíquicos si les era dado alcanzarlos. El Buda siempre desaconsejaba la puesta en práctica de estos poderes a los que decían tenerlos. No dejaba que sus monjes se enredasen en prácticas de curanderismo, adivinación, magia u ocultismo. Hay una anécdota o pasaje muy significativo en este sentido. En una ocasión, un hombre con fama de grandes poderes psíquicos se acercó al Buda y le dijo:

—Señor, durante muchos años he hecho penitencias incomparables. Me he mortificado implacablemente. Por fin, he conseguido caminar sobre las aguas.

A lo que el Buda replicó:

—Amigo mío, ¡qué lástima de tiempo perdido habiendo barcas!

Aquellos que estaban maduros para recibir la Enseñanza en cuanto escuchaban al Buda se integraban en su Orden. Caso muy curioso fue el de un grupo de treinta muchachos que se habían reunido para divertirse. Hicieron una excursión a la que uno de ellos acudió acompañado por una preciosa prostituta. En una laguna, los jóvenes bañaron con deleite sus cuerpos, pero mientras estaban en su grata distracción, la hábil ramera se llevó la ropa de todos ellos. Desnudos, comenzaron a correr de un lado a otro, buscando sus prendas a fin de recuperarlas. Se toparon entonces con el Buda, que les preguntó qué hacían. Los muchachos se explicaron:

—Buscamos a una mujer que nos ha robado las ropas.

Y el Buda les dijo:

—Decidme, ¿qué consideráis que es mejor, buscar a esa mujer o buscaros a vosotros mismos?

Los jóvenes entraron en la Orden. Según la tradición, Buda tenía un especial encanto y un gran magnetismo para hacer conversiones. Era capaz de convertir a buen número de discípulos, aunque siempre prevenía contra la indolencia y la negligencia. Decía a menudo:

Un solo día de la vida de una persona virtuosa y meditativa vale más que los cien años de la vida de una persona inmoral y descontrolada. Un solo día de la vida de una persona que se esfuerza con firme resolución vale más que cien años de la vida de una persona perezosa e indolente.

Siempre, ya desde las primeras conversiones, indicaba a los monjes que debían esforzarse y esperarlo todo de ellos mismos. Los prevenía contra la pereza, la infatuación y el autoengaño.

Durante meses Buda se dedicó incansablemente a propagar la Enseñanza. En alguna ocasión incluso convirtió de golpe a toda una cofradía de brahmanes. Enviaba a muchos de sus monjes en todas las direcciones a predicar, pero muchos de ellos se quedaban en su compañía. Así, en posteriores épocas, Buda irá siempre acompañado por cientos de monjes. Recorriendo aldeas, pueblos, ciudades, muestra el Sendero; unas veces es bien recibido, pero otras es insultado y vejado. Pero él nunca pierde la sonrisa, nunca se ofende con el insulto y jamás se siente humillado.

Fiel a la promesa que hiciera al monarca Bimbisara de Magadha, se dirige hacia la floreciente ciudad de Rajagrija (actual Radjir y lugar de peregrinación para los budistas). A su llegada, se instala en un agradable bosque no muy lejos de la ciudad: ¡cuánto amaba Buda los bosques, la naturaleza, los lugares de silencio perfecto...!

En cuanto el monarca de Magadha se entera de que el Buda se encuentra en el Bosque de los Varales, acude a verle acompañado de un nutrido séquito. Buda y el monarca conversan; el primero habla al segundo de sus logros, del *Dharma* y de la Vía de la Liberación. Al día siguiente el rey invita a Buda a palacio. Pide convertirse en discípulo del Buda y éste le acepta como discípulo lego. Entonces el noble monarca obsequió a la Orden con el Bosque de los Bambúes, para que el Buda y sus discípulos pudieran permanecer en él durante la estación de las lluvias: durante la época monzónica la Orden permanecía detenida en un bosque y se dedicaba por entero al estudio, a la meditación, a la predicación y a las asambleas religiosas. Quizá en esas semanas el Buda insistiera más que nunca en el esfuerzo personal y la diligencia, para evitar que los monjes, después de haber dejado de errar, pudieran tornarse perezosos. Gustaba de decir:

A través del esfuerzo, la diligencia, la disciplina y el auto-control, que el hombre sabio haga de sí mismo una isla que ninguna inundación pueda cubrir. Los necios, los hombres de inteligencia inferior, se recrean en la negligencia. El hombre sabio guarda la diligencia como un tesoro supremo. No os recreéis en la negligencia. No intiméis con los place-res sensoriales. El hombre que medita con diligencia verda-deramente alcanza mucha felicidad. Vigilante entre los negligentes, plenamente despierto entre los dormidos, el sabio avanza, como un corcel de carreras se adelanta a un jamelgo decrépito.

Los exhortaba a trabajar sin descanso sobre sí mismos. La recompensa era el Nirvana, el fin del sufrimiento. A pesar de que ni siquiera Buda podía definirse sobre ese esta-do tan especial e incondicionado, sí decía: «He tenido cla-ramente la idea, monje, de cómo este Nirvana que he alcan-zado es profundo, difícil de columbrar, arduo de compren-der, pacífico y sublime; de cómo está más allá del mero razonar. Es sutil, e inteligible sólo por el sabio. Pero esta generación se deleita y se complace en los placeres sensua-les y le es difícil captar la condicionalidad, la Producción Condicionada. Y resulta arduo entender el apaciguamiento de todo lo condicionado, la renuncia a toda sustancia con-tingente, la extinción del deseo, el desapasionamiento, la cesación y, en definitiva, el Nirvana».

Sus discípulos aumentaban. Mendigando el alimento, los monjes vivían día a día, lejos de las ocupaciones mun-danas y de las tareas domésticas. Por las tierras apacibles de la cuenca del Ganges, el Iluminado y sus fieles monjes iban de aldea en aldea impartiendo la Buena Ley. Su vida era simple, inocente, pura, pero en absoluto sencilla. Si bien no practicaban la penitencia —extremo que el Buda rechazaba—, sí es innegable que era una vida de austeridad notable. Se comía una vez al día, se dormía escasamente y se dedicaban muchas horas a la meditación y a la propagación de la Enseñanza. Sin embargo, todos mantenían el ánimo firme y la alegría contagiosa y compartida. Cuando la bruma de la mente se dispersa y la codicia libera el corazón, sobreviene la alegría con la misma naturalidad que el loto conserva su pureza.

Los primeros discípulos y la Propagación de la Doctrina

Siddharta Gautama, el Buda, era un gran maestro, pero más aún: era un revolucionario interior, un despierto, un reformador social, un contestatario. Desaprobaba el sistema hindú de las castas; trataba de ayudar a las mujeres y de potenciar sus derechos; se oponía a los densos y vacíos rituales de un hinduismo degradado y mecanizado; desconfiaba de los brahmanes y de las castas sacerdotales; recelaba de los gurús que no ejemplificaban con su conducta lo que predicaban, y que se perdían en todo tipo de opiniones filosóficas y de abstracciones metafísicas; no sólo estimulaba la investigación de la Realidad, el estudio y la meditación, sino también el trabajo social, la cooperación con los otros y la ayuda a los necesitados. Pacífico entre los pacíficos y benevolente entre los benevolentes, evitó, siempre que pudo, las disputas, las reyertas y las guerras.

Cada día era mayor el número de monjes. Los que se convertían lo hacían para llevar una vida de piedad, autoconocimiento y purificación. Libres de los deberes domésticos, tenían todo el tiempo para la realización espiritual. Rompían sus vínculos mundanos para dedicar todas las energías a la realización. El que se hacía *bhikkhu* tomaba refugio (se comprometía moral y espiritualmente) con el Buda, la Enseñanza y la Doctrina. Los monjes hacían votos de no dañar a ser alguno, abstenerse de lo que no les fuera ofrecido, contener los placeres sensuales, evitar palabras injustas, no ingerir tóxicos obnubilantes de la mente, no asistir a espectáculos mundanos y no aceptar ni oro ni plata.

En los primeros tiempos de predicación del Buda, uno era aceptado como monje casi de manera automática: tan sólo con mostrar su buena fe y anhelo de observar la Enseñanza. El mismo Buda hacía monjes, pero también los ordenaban los discípulos más santos de la Orden. El que era aceptado tenía que raparse la cabeza, vestirse con la túnica anaranjada para cubrir su cuerpo y observar fielmente los votos. El monje disponía, además de sus hábitos, de un cinturón, una navaja de afeitar, una aguja, un filtro para el agua y una escudilla. Había monjes que vivían en el bosque, otros en chozas o ermitas, otros bajo el cielo raso. Para que fuera más fácil abastecerse y sobrevivir, seleccionaban lugares apartados, pero no demasiado lejanos a los pueblos o

Destacado templo budista de Bután.

Cuevas budistas donde antaño meditaban los monjes (India).

ciudades, donde diariamente acudían a mendigar los alimentos en silencio. La mendicación tenía sus propias normas: el monje caminaba mirando hacia delante, se paraba unos momentos ante cada casa y presentaba la escudilla por si querían verter algún alimento en ella. Recibiera alimentos o no, debía permanecer ecuánime, sin sentirse agradecido o desagradecido. Si recibía una limosna, decía: «Que sigas bien y que esto te conduzca al Nirvana». Jamás debía resentirse, aunque le negasen la comida de mala forma. Cuando había recogido el suficiente alimento, regresaba al monasterio, o donde residiera, para comer en silencio, sin sentir gusto o disgusto por lo que comía. Aunque al principio las reglas eran muy básicas, con el transcurso del tiempo el código disciplinario de los monjes llegaría a disponer de nada menos que doscientas veintisiete reglas. Pero hay que señalar que el monje se hace tal, voluntariamente, para dedicar todas sus energías a la Búsqueda interna y al autoconocimiento, y que, por supuesto, no desempeña un papel de intermediario entre el ser humano y un Ser Supremo, como sucede en otras religiones. Traducimos el término *bhikkhu* por monje, pero en realidad no tiene traducción exacta. Era un *bhikkhu* aquel que optaba por dejar la sociedad ordinaria, y emprender la Búsqueda de lo Incondicionado. Ya desde milenios antes del Buda, muchas personas en la India habían renunciado, antes o después, a la vida hogareña para entregarse a la Búsqueda. Unos se hacían *sadhus*, otros *sannyasins* o yoguis, y otros peregrinos o eremitas. Algunos erraban; otros se introducían en una cueva, se apartaban en un desierto o habitaban en la jungla. Algunos vivían en solitario y otros formaban comunidades.

Aunque el Buda y sus discípulos eran generalmente monjes itinerantes, se recluían y paraban durante la estación de las lluvias. La época monzónica se aprovechaba para el retiro, y esos tres meses se dedicaban a la meditación, la enseñanza, el estudio y la instrucción a los seglares. Los devotos ayudaban a los monjes con alimentos. No sabemos cuánto tiempo después de comenzado el ministerio del Buda se impuso, al término del retiro, la llamada ceremonia de Conclusión. Tal ceremonia consistía simplemente en que cada monje confesara en público ante los otros cualquier falta cometida durante ese período. Tampoco sabemos con certeza cuándo se originó otro destacado rito, que también tenía lugar al estar cercana la terminación del retiro y que consistía en que los laicos ofrecían prendas a los monjes. Hay que considerar que, en los primeros tiempos, la Orden sólo se regía por las normas más elementales, pero que, al ir aumentando el número de monjes, se tuvo que recurrir a una mayor cantidad de reglas y preceptos. Así, por ejemplo, hubo un momento —no se puede precisar cuándo— en que se impuso la ceremonia denominada «código de disciplina» y que llegaría a ser considerada una de las más sacras. El evento consistía en realizar una confesión pública los días de luna llena y de luna nueva: el monje tenía que hacer públicos sus fallos y faltas; el que no hubiera faltado se limitaba a guardar silencio. Incluso los más enfermos y los impedidos debían someterse a tal ceremonia. Si esta práctica tuvo ya lugar en vida del Buda o no, es imposible decirlo. Tampoco se puede fijar la fecha, ni siquiera aproximada, de cuándo se hizo más estricta la entrada en la Orden. Al principio, como ya ha quedado dicho, bastaba con desearlo y mostrar buenas intenciones, pero más tarde el solicitante tenía que pasar por un período de noviciado (denominado «ir más allá», es decir, más allá de la vida de hogar), y había de tener más de quince años de edad, o contar, de no ser así, con el permiso paterno. Al novicio se le exigía la observancia de diez preceptos; después de una prolongada instrucción y de haber demostrado su capacidad, era ordenado monje y asumía las innumerables reglas. Pero, mucho antes de que esto sucediera (si es que llegó a suceder en vida del Maestro), los monjes eran aceptados en la Orden e ingresaban en ella con tanta facilidad como aquellos que llegarían a ser los dos discípulos más aventajados y grandes iluminados del Buda. Estamos hablando del sabio Sariputra y del muy sagaz Mogallana. Ambos estaban tan unidos al Buda que hay que hacer una oportuna referencia a estos hombres singulares. Su relevancia fue tal que aún hoy —como el autor de esta obra ha comprobado personalmente en la India— sus reliquias son muy veneradas por los budistas.

He aquí que un día como otro cualquiera, Assaji, uno de los cinco ascetas y un perfecto iluminado, se hallaba mendigando sus alimentos. Irradiaba tal paz que un yogui, de nombre Sariputra, se sintió impresionado por su presencia. De modo que no pudo evitar acercarse y decirle abiertamente:

— -Amigo mío, ¡qué grande es tu paz! Debes de haber encontrado una gran fuente de sabiduría para exhalar tan contagiosa quietud.

—En efecto he hallado esa fuente, señor —repuso convincente y convencido el bueno de Assaji—. Gracias al

Buda, mi mente ha entendido y ha alcanzado la meta, el Nirvana. Tal es el poder y gloria de la Enseñanza.

Sariputra, muy interesado, preguntó:

—¿Puedes darme a conocer esa Enseñanza?

—Nadie la explica como el Buda. Él es maestro de maestros, yogui de yoguis, el Perfecto Liberado. Pero puesto que lo deseas, te voy a dar a conocer lo esencial de la Enseñanza.

Assaji le explicó lo esencial de la Doctrina. Y añadió:

—De cualquier cosa producida por causas, el Buda ha revelado la causa, y también cómo dejan de existir. Esto es lo que el gran adepto proclama.

Una intuición profunda, reveladora y desveladora alcanzó, de golpe, la mente de Sariputra. Sariputra era discípulo de un gran yogui llamado Sanjaya, y entre sus compañeros de Búsqueda estaba Mogallana. Ambos escucharon las explicaciones de Assaji y, al hacerlo, comprobaron atónitos cómo sus mentes se desempañaban y se liberaban de los grilletes de la duda, la avidez, la ignorancia y la aversión. Estos dos hombres singulares, ya espiritualmente muy maduros antes de hallar a Assaji, propagaron hasta tal punto el *Dharma* y fueron tan excepcionales instructores que se los llegaría a conocer como los leones del *Dharma*. Fueron extraordinarios predicadores y grandes maestros de la meditación. De gran rigor y honestidad, siempre velaron por la pureza de la Enseñanza, sembraron concordia entre los monjes, impartieron técnicas meditativas de gran altura al que lo deseaba y jamás regatearon esfuerzos por ayudar a los demás.

La Orden se enriqueció mucho con estos dos pro-
digiosos buscadores. Unas semanas más tarde, otro notable
yogui iba a entrar en la Orden. Se llamaba Kassapa y era,
como en su día lo fuera el Bienaventurado, muy proclive a
la ascesis y a la penitencia. Tenía tal hábito de automortifi-
carse que, a pesar de comprender el Camino del Medio, a
veces inevitablemente caía en mortificaciones y severísimas
austeridades, hasta el punto de que el mismo Buda tenía
que reprenderle. Hay que comprender que el espíritu de los
buscadores de aquella época en la India tendía con frecuencia hacia la rigurosa ascesis. Será tiempo después,
cuando grandes maestros como el Buda y otros acentúen
que se puede obtener la Sabiduría sin maltratarse, que los
eremitas comiencen a valorar su cuerpo, hasta tal grado
que, siglos después, surgirán escuelas de yoga que insistirán
sobre todo en la necesidad de cuidar el cuerpo y de tenerlo
perfectamente armonizado para hacer más fácil la marcha
hacia la realización. Para decir algo más de Kassapa, señale-
mos que era hijo de un riquísimo brahmán de Magadha.
Además, de los tres grandes discípulos, que eran Sariputra,
Mogallana y Kassapa, sólo este último sobreviviría al
Bienaventurado.

Recorriendo las tierras de la India, haciendo discípulos
y llevando la Enseñanza en todas las direcciones, discurre la
vida del Despierto. Pero, mientras tanto, ¿qué ha sido de
Suddhodana, el monarca de los sakyas, de los propios sakyas, y de la esposa e hijo del Bienaventurado? Todos siguen
viviendo en armonía y buena salud. Pero cada día reciben
más noticias de los logros espirituales y de la convicción
espiritual del que fuera príncipe. Ahora sienten curiosidad

por esas hazañas que antes consideraban estrafalarias. Los sakyas quieren conocer al Buda y, por su parte, el monarca, lógicamente, no ha perdido la esperanza de que su hijo acepte de nuevo sus derechos y deberes principescos. ¿Qué hace entonces el rey sakya? Envía un emisario a buscar al Buda. El emisario, una vez se halla ante el Despierto, dice:

—Señor, tu padre está orgulloso de ti. Hasta sus oídos han llegado noticias de tu capacidad mística. Te ruega que vayas a visitarle; todos los nobles sakyas quieren verte.

Buda sabía lo que había detrás de esas palabras, la estratagema que escondían. Su padre sólo quería convencerle para que dejara la vida de monje. En cuanto a los sakyas, tenían, a lo sumo, una morbosa curiosidad por saber en qué se había convertido su príncipe. El Buda responde:

—Quédate al discurso de esta tarde y luego tomaremos una decisión.

El emisario no era otro que un antiguo amigo de adolescencia del Buda, llamado Udayin e hijo del brahmán personal del monarca. En este punto hay una tradición que asegura que el que le acompaña en su cometido no es otro que el fiel escudero Channa.

El Buda pronunció su discurso al atardecer, y en él habló sobre lo más esencial del *Dharma*. El amigo de la infancia quedó absorto en sus palabras y enseñanzas, de modo que el discurso del Maestro le conmovió y modificó. Pidió su ingreso en la Orden y se convirtió en monje. Pasadas unas semanas, el rey, preocupado, envió a uno de sus ministros a buscar a Siddharta. El ministro escuchó la Enseñanza y también decidió hacerse *bhikkhu*. Uno tras otro, nueve ministros fueron enviados hasta el Bendito, y los nueve solicitaron ingresar en la Orden. Así transcurrieron los meses. Llegado el otoño, Udayin, según cuenta una de las tradiciones, recuerda los deseos del monarca, e insiste entonces para que el Buda visite su tierra natal. Otra versión explica que fue un joven llamado Kalodayin, muy agradable y bondadoso, el que convenció al Maestro para regresar a Kapilavastu. Pero, como quiera que fuese, el Tathagata se dejó convencer. Había llegado la hora de visitar a sus familiares y amigos, el momento de encontrarse con Yasodhara y de abrazar a aquel recién nacido que dejó hace años, la hora en que los nobles sakyas tuvieran la oportunidad de verle de nuevo.

Han pasado los años y el Buda ha envejecido, pero se encuentra sano y vigoroso. Los discípulos, mientras tanto, no han dejado de ir en aumento, así que con buena parte de ellos se pone en camino hacia Kapilavastu, donde le esperan un monarca, una princesa y un príncipe heredero. Una mancha de ocre parecen formar las túnicas de los cientos de monjes sobre la fértil planicie del Ganges. Caminan en silencio, vigilantes y autocontrolados; muchos de ellos son grandes yoguis; otros, brahmanes y nobles, y muchos, descastados y sin estudios. Pero comparten un espacio común: el *Dharma*. Tienen una inspiración común: el Buda. Y disponen de un refugio común: la Orden.

Regreso a Kapilavastu

Siddharta Gautama, el Buda, llega a Kapilavastu después de un largo viaje. Durante el trayecto, los monjes han continuado con su habitual disciplina y se han producido nuevas conversiones. El Maestro y los monjes se instalan en el Bosque de árboles Nigrodha, en las afueras de la ciudad. Al día siguiente, el Bienaventurado y sus monjes se acercan a la ciudad para mendigar la comida. La noticia, presta, le es llevada al monarca. Éste toma un coche de caballos y acude hasta donde se hallan. Escandalizado y avergonzado al comprobar que su hijo es un mendicante, exclama:

—Hijo, es una vergüenza y un deshonor que mendigues tu alimento. Nosotros podemos facilitaros las más suculentas comidas. También podemos instalaros en los aposentos del palacio.

El Buda siguió mendigando sus alimentos, y explicó a su airado padre:

—Señor, querido padre, nuestra regla es mendigar el alimento: vivimos de la caridad pública, y los laicos nos donan la comida. Así seguiremos haciéndolo y así vengo haciéndolo, sábelo, desde que partí del palacio. Todos los budas han mendigado su comida. Y nosotros, como ellos, vivimos una vida de pureza.

—Pero tú, que has sido un príncipe con todos los lujos —intervino el monarca— y que has dispuesto de lo más bello y fastuoso, ¿cómo puedes ahora arropar tu cuerpo con harapos y caminar descalzo? ¿Qué ha sucedido con tus hermosos cabellos cuidados con los mejores aceites y aromas? Tú, que comías en fuentes del oro más exquisito y que bebías en copas adornadas con la más primorosa pedrería, ¿por qué usas ahora esa escudilla fea y sucia? Tú, que disponías de los más encantadores estanques de aguas claras y perfumadas en las que descansar tu cuerpo, ¿cómo puedes ahora asearte en las fuentes y arroyos contaminados por búfalos y cebúes? ¿Y dónde están las joyas que lucía tu atractivo cuerpo, y dónde las ropas de seda, y dónde los collares de oro? Dormías en los mejores lechos y ahora te arrojas en la tierra como un pordiosero. Te servían los siervos más fieles y solícitos, y ahora mendigas tu comida.

—Padre —replicó el Buda—, pero ¿no entiendes? Todo eso lo dejé, y mucho más, para hallar aquello que no es condicionado ni perecedero; aquello que está más allá de las formas y de los fenómenos. He prescindido, sí, de confortables lechos para dormir en el suelo, bajo el cielo raso; he cambiado la concupiscencia y la lascivia de las hermosas cortesanas por la compasión y la benevolencia; he dejado, sí, mis ropas palaciegas por harapos remendados. Pero consuélate, buen monarca, porque tu hijo ha dejado muy poco y ha conseguido mucho.

No le quedó más remedio al rey que aceptar lo inevitable. Anhelaba un monarca universal y he aquí que su hijo era un *sanniyasin* pobremente vestido y que vivía de la caridad pública. Pero Suddhodana es un hombre que por encima de todo ama a su hijo, aunque no pueda comprenderle. Generoso, regaló al Buda y a sus discípulos el bosque en el que se habían instalado. Hizo así méritos de hombre caritativo; no cabe duda de que no es cualquier cosa ser el padre de un buda.

¿Cuándo se encontró el Bienaventurado con su esposa, la bella Yasodhara? No es posible saberlo. ¿Cómo fue aquel singular encuentro, después de tantos años, entre dos seres que de verdad se habían amado hasta la pasión abrasadora? Tampoco puede decirse. Pero, ciertamente, ni un solo día había dejado la princesa de pensar en su esposo y es posible que siguiera conservando esperanzas sobre su retorno al hogar. No debió de ser poca su sorpresa al ver a Siddharta con la remendada túnica azafranada, la cabeza rapada y los pies descalzos, así como la piel curtida por la vida al aire libre y por las durezas ascéticas reflejadas en la expresión del rostro.

El Buda habló para los sakyas, pues los jóvenes aristócratas estaban deseando escuchar el *Dharma*. El Maestro
expuso la Doctrina e insistió en el Camino de Purificación,
y quinientos jóvenes decidieron entrar en la Orden. El barbero de la localidad se encargó de rasurarles la cabeza; ellos,
como pago, le iban obsequiando con sus ricos vestidos, al
despojarse de ellos para tomar la túnica y el manto. De este
modo, el miserable barbero se hizo, de la noche al día, muy
rico. Su nombre era Upali, y llegó a ser uno de los más notables discípulos del Buda, tras renunciar a su rápidamente
conseguida fortuna material y hacerse *bhikkhu*. El barbero
pertenecía a la casta inferior, es decir, era un *sudra*, pero
estaba muy maduro espiritualmente y entendió de forma
tan rápida la Doctrina que el Buda le consideraría, mereci-
damente, uno de los guardianes del *Dharma*. Por otro lado,
entre los discípulos recién ingresados en la Orden, se
encontraba Nanda, el hermanastro del Buda, que renunció
a su muy amada y hermosa novia al hacerse *bhikkhu*.

En esos días de regocijo colectivo, la bella Yasodhara
envió a su hijo Rahula a que visitase al Buda. Antes le dijo:
«Tu padre tiene un tesoro, una herencia que te puede dar».
Rahula fue hasta el Bienaventurado y le dijo:

—Padre, siendo tu hijo y tu heredero, ¿no debo recibir
tu tesoro?

—Así es, Rahula, mi amado hijo. Siéntate y te hablaré
de ese tesoro.

Buda explicó a su hijo el *Dharma*, sus excelencias y
dones. Entonces, Rahula pidió entrar en la Orden. Buda le
hizo su *bhikkhu*. De la educación dhármica e instrucción
espiritual del muchacho, que entonces tenía diez años, se

encargaron el sabio Sariputra y el clarividente y perceptivo Vangisa. Si Sariputra era un predicador fabuloso y entendía la Doctrina con finura excepcional, Vangisa tenía grandes dotes de percepción y era incluso capaz de captar el estado de ánimo de los discípulos. Fue también este hombre de especiales dones psíquicos el que instruyó a un discípulo de nombre Angulimala. Antes de entrar en la Orden, Angulimala había sido un temido bandolero, y se había hecho un collar con los huesos de los dedos de aquellos a los que asesinaba. Pero un día escuchó el *Dharma* y solicitó entrar en la Orden. Buda le aceptó, aunque le indicó lo mucho que debía purificarse para quemar sus faltas.

Además, entre los discípulos conseguidos para la Orden en Kapilavastu, se hallaban dos que desempeñarían un papel determinante o, por lo menos, significativo en la vida del Buda. Eran sus dos primos: el bondadoso y siempre leal Ananda, que se convertiría en el asistente personal del Buda de por vida, y el perverso y ladino Devadatta, que trataría de modificar las reglas de la Orden y deponer al Buda para convertirse él en el maestro indiscutible. En resumen, fueron Sariputra, Mogallana, Ananda y Devadatta los discípulos que, por una u otra razón, mayor papel desempeñaron en el escenario vital de Buda. De todos ellos iremos sabiendo en páginas sucesivas. Cada uno tenía su karma y su destino, cada uno hizo sus méritos o deméritos, cada uno habrá de recibir sus frutos... dulces como el mango o ácidos como la lima.

Si Buda llegó a Kapilavastu con un buen número de discípulos, con un número muy acrecentado partió del que había sido su reino. Todos se pusieron en camino, en dirección a Magadha. El camino era largo, pero la disciplina se mantuvo estricta. A menudo, el Buda pronunciaba un sermón para sus discípulos y legos que quisieran asistir. Luego, todos, en señal de respeto, daban la vuelta alrededor del cuerpo del Bienaventurado y, sintiéndose regocijados, se ponían a meditar o a descansar. Durante todo el viaje se hicieron nuevas conversiones y hermanos legos.

Buda llegó a las proximidades de Rajagrija. Allí tuvo ocasión de conocer a un acaudalado comerciante llamado más adelante con el sobrenombre de Anathapindada (el alimentador de los pobres). Se trataba de un hábil negociante que había adquirido una gran fortuna. Estaba de paso, pues era de Kosala, pero tuvo la suerte de encontrarse con el Buda y escuchar la Doctrina. Tan impresionado se sintió, y tan enriquecido espiritualmente, que se empeñó en obsequiar a la Orden con un bosque en el que los monjes pudieran instalarse. Pensaron en un bosque que resultaba perfecto para la Orden, cerca de Sravasti, pero su propietario era el príncipe Djeta, que no quería desprenderse de él. De modo que, en tono de chanza, dijo: «Sólo si alguien pudiera cubrir todo el bosque de oro, lo donaría a la Orden». El acaudalado comerciante, con su inmensa fortuna acumulada y con parte de la de sus antepasados, logró cubrir de oro las tierras del bosque de mangos y sándalos. Así, el hermoso paraje de Djeta pasó a ser propiedad de la Orden. Era un parque perfecto para la estación de las lluvias y también para la meditación y para pronunciar, al atardecer, el sermón a los laicos. Las nuevas tierras iban a convertirse en una de las residencias más entrañables para el Buda y sus monjes durante más de dos décadas. Allí se celebraron muchos retiros durante las estaciones monzónicas y el Maestro pronunció muchos discursos.

Durante la estación de las lluvias, Buda exhortaba aún más a la autoinvestigación y a la meditación, explicaba a los monjes que no se adquiere sabiduría envejeciendo, sino meditando. Así declaraba: «La mayoría de las personas envejecen como bueyes, ganando en kilos, pero no en Sabiduría». Hablaba a menudo sobre la compasión y las otras Sublimes Moradas, a las que tanta importancia siempre daba. Hasta tal punto era esto así, que cuando su hijo, el monje Rahula, cumplió dieciocho años, le instruyó de la siguiente manera:

Rahula, desarrolla la meditación sobre el amor benevolente, pues con él se ahuyenta, sin duda, toda mala voluntad.
Desarrolla la meditación sobre la compasión, pues con ella se ahuyenta toda crueldad.
Desarrolla la meditación sobre la alegría compartida, pues con ella se ahuyenta toda aversión.
Desarrolla la meditación sobre la ecuanimidad, pues con ella se ahuyenta todo odio.

A lo que agregó:

Desarrolla la meditación sobre la impureza, pues con ella se ahuyenta toda concupiscencia.
Desarrolla la meditación sobre la transitoriedad, pues con ella se ahuyenta todo orgullo del Yo.
Desarrolla la concentración de la atención sobre la inspiración y la espiración, pues la inspiración y la espiración

Capitel de Ashoka; siglo III a. de C., Sarnath, India.

*atentas, desarrolladas y practicadas con frecuencia, rinden
mucho fruto y son muy convincentes.*

Pero no adelantemos acontecimientos y sigamos, hasta donde sea posible, el orden cronológico. El Sublime contaba con un bosquecillo más en el que pasar la estación de las lluvias, meditar, impartir la Enseñanza a legos y exhortar al Camino de Pureza. Mientras tanto, la vida discurría sencillamente, y así siguió durante muchos años, lo cual no quiere decir que no surgieran problemas, en especial a medida que en la Orden aumentaba el número de discípulos. Había, a veces, discusiones entre los monjes, y se sabe de, por lo menos, una ocasión en que el Bienaventurado, en reprobación por tales disputas, dejó la Orden temporalmente y marchó en solitario. Sólo cuando los monjes le prometieron evitar sus discusiones y rechazar las reyertas, consintió en volver. Tampoco faltaron gentes aviesas que insultaban al Buda y le amenazaban. A menudo, *sannyasins*, *sadhus* y eremitas iban a conversar con el Maestro. Algunos lo hacían con buena intención, pero otros eran meros disputadores intelectuales y dogmáticos, que se empeñaban en ridiculizar al Buda para crear dudas en el corazón de los discípulos.

En aquellos tiempos, como ahora en realidad, había en la India muchos maestros de muy diversas tendencias filosóficas y místicas. A veces los discípulos escuchaban a estos maestros y se sentían confundidos por los puntos de vista filosóficos que mostraban. En una ocasión, un grupo de monjes del Bienaventurado fueron a la ciudad a mendigar sus alimentos y no pudieron evitar escuchar la polémica desatada entre dos *sadhus*, que en la defensa de sus opiniones llegaron a las manos. Luego volvieron hasta el Buda y le contaron el suceso; éste dijo:

> *Aquellos hombres que sostenían esas opiniones son ciegos, no ven. No conocen ni las cosas provechosas ni las no provechosas. No saben lo que es el* Dharma. *En su ignorancia de estas cosas, son por naturaleza discutidores.*
>
> *Antiguamente, monjes, en una era pasada, hubo un rey en esta misma ciudad de Sravasti. Y ese rey se acercó a un hombre diciéndole:*
>
> *—Ven, buen amigo, ven y reúne en una plaza a todos los hombres de Sravasti que hayan nacido ciegos.*
>
> *—Haré como dices, rey —contestó ese hombre. Obedeciendo a su señor, reunió en un campo cercano al palacio a todos los ciegos de Sravasti.*
>
> *—Y ahora, buen hombre, muestra a los ciegos un elefante —ordenó el monarca.*
>
> *El hombre trajo un elefante, lo situó frente a los ciegos, les dijo que era un elefante y les pidió que lo tocaran. Unos tocaban la cabeza, otros una oreja, otros un colmillo, otros la trompa, otros la pata, otros el lomo, otros el pelo de la cola y así sucesivamente.*
>
> *Los ciegos fueron conducidos ante el rey. El monarca se dirigió a los ciegos y dijo: «Decidme cómo es un elefante».*
>
> *Los que habían tocado la cabeza dijeron: «Es como una olla»; los que habían palpado una oreja respondieron: «Es como una cesta de cribar»; los que habían tocado un colmillo aseguraron: «Es como una reja»; los que habían pasado las manos por la trompa afirmaron: «Es como un*

arado»; los que habían acariciado el cuerpo sostenían que era como un granero, en tanto que los que sólo habían tocado una pata tenían la certeza de que era como una columna, y los que habían acariciado el lomo, que era como un mortero. Aquellos que palparon el pelo de la cola no tenían duda de que era como una escoba. Y cada uno empeñado en su creencia, los ciegos comenzaron a polemizar, y a discutir violentamente, hasta llegar a las manos, mientras que el monarca los observaba sin poder reprimir la risa. Igual son esos sadhus errantes que sostienen esas opiniones: ignorantes del Dharma, por naturaleza disputadores, defensores enfáticos cada uno de ellos de su propia y estrecha opinión. ¡Ay, cómo se aferran y discuten aquellos que al brahmán religioso honran llamar! Pues peleándose, cada uno a su opinión se aferra. Estas gentes sólo ven un lado de las cosas.

El Buda insistía una y otra vez en la necesidad de no extraviarse en opiniones y centrarse en la práctica de la meditación. Pero hay que señalar que incluso los mismos monjes no podían evitar caer en la tentación de entrar a preguntar y querer indagar sobre cuestiones metafísicas y abstracciones religiosas y filosóficas. El Maestro no hacía concesiones en este sentido y se mostraba pragmático. No gustaba de comentar con sus monjes temas que se apartaran de lo principal: seguir la vía para la extinción del sufrimiento. Pero eso no quiere decir que él no supiera más de lo manifestado. Así, en cierta ocasión, cuando se hallaba en un apacible bosque de árboles simsapa, en Kosambi, rodeado por un buen número de monjes, tomó del suelo un puñado de hojas y les preguntó:

—Monjes, ¿qué creéis que es en mayor cantidad, el puñado de hojas simsapa que he reunido o todas las que hay en el bosque?

Los monjes respondieron:

—Una bagatela son las hojas que tiene el Tathagata en su puño en comparación con las que hay en el bosque.

—Pues de la misma manera, monjes, son muchas las cosas que he comprendido plenamente, pero que no os he revelado; y son pocas las que os he confiado. ¿Y por qué, monjes, no os las he revelado? Porque es cierto que no son útiles, no son esenciales para la vida pura, no conducen al desapego, al desapasionamiento, a la cesación, a la tranquilidad, a la comprensión total, a la iluminación, al Nirvana. Por eso, monjes, no las proclamo. ¿Y qué es, monjes, lo que he manifestado? El sufrimiento, eso he manifestado. La producción del sufrimiento, eso he manifestado. La cesación del sufrimiento, eso he manifestado. El Sendero que conduce a la cesación del sufrimiento, eso he manifestado. ¿Y, por qué, monjes, he revelado estas verdades? Porque ciertamente son útiles, esenciales para la vida pura, conducen al desapego, desapasionamiento, cesación, tranquilidad, comprensión total, iluminación. Nirvana. Por eso, monjes, las he revelado.

Cabe suponer que, durante los retiros que se realizaban en la estación de las lluvias, los monjes insistían mucho más en la meditación y el autoconocimiento. Buda los orientaba e instruía, y cuando finalizaba la estación monzónica, los reunía para proclamar la ceremonia de *Pavarana*, en la que se expresaban todos mutuo reconocimiento y afecto. Desde los monjes más recientes hasta los más antiguos iban pasando frente al grupo y, saludándolo, se colocaban en cuclillas y declaraban: «Invito a la Orden a que tenga la bondad de decirme si alguien ha visto, oído o sospechado algo malo en mí. Si he cometido algún error o falta, me ofrezco a enmendarme y a dar satisfacción».

En la medida en que la fama del Buda se incrementaba, también surgían más enemigos, sin olvidar al más cercano, que era el perverso Devadatta. En una ocasión, yendo juntos Buda y su asistente Ananda, la gente empezó a insultar y a amenazar al Buda... Ananda dijo:

—Venerable señor, esa gente nos amenaza e insulta. Vámonos a otro lugar.

—¿Y a dónde iremos, Ananda?

—A algún otro pueblo, venerable señor.

—Imagina, Ananda —dijo el Buda—, que la gente nos insulta allí también. ¿A dónde iremos entonces?

—A alguna otra aldea, venerable señor.

—Pero, Ananda, ponte por caso que la gente allí también nos insulta. ¿A dónde iremos entonces?

—Volveremos a intentarlo en tal caso en otra aldea, venerable señor.

—Ananda, no haremos eso —aseveró el Buda—. En cualquier sitio donde se produzca alboroto nos quedaremos hasta que el tumulto se apague. Sólo cuando se calme la conmoción nos marcharemos a otra parte. Lo mismo que un elefante en el campo de batalla arrostra los dardos de los arcos, Ananda, resistiré yo las palabras ofensivas, pues ciertamente abundan las personas aviesas.

Muchos de los discípulos del Buda no habían conseguido todavía la inquebrantable ecuanimidad que éste poseyera. No faltaban tampoco dificultades. Por eso el Buda permanecía indiferente a la ganancia y a la pérdida, al halago y al insulto. Lo importante era seguir la Enseñanza, que el Bendito aseguraba buena en su comienzo, buena en su medio y buena en su final. No permitía que los monjes desfalleciesen o se dejasen ganar por la pereza. Declaraba que había que estar:

Alerta entre los negligentes, y despierto entre los adormilados, pues el sabio los deja atrás a todos, como el pura sangre al rocín.

Una y otra vez exhortaba a los monjes:

Vigilad, estad atentos, sed disciplinados, reunid vuestros pensamientos, cuidad vuestra mente.

El Buda se convertía así en maestro, padre, amigo y compañero. Unos discípulos ayudaban y reconfortaban a los otros, y los más sabios enseñaban a los recién ingresados en la Orden. Cuando pasaba la estación de las lluvias, los monjes iban de aldea en aldea y de bosque en bosque. Incluso una prostituta muy rica, conociendo la predilección de los monjes por los bosquecillos, obsequió a la Orden con el Soto de los Mangos. Era esta generosa mujer la atractiva Ambapali, una cortesana de lujo. También ella terminó por convertirse a la Buena Ley y admiraba profundamente al Despierto.

La vida con los
Monjes

Gentes de todas las partes de la India, pero sobre todo de las regiones de Magadha, acuden cada vez en mayor número a visitar al Bienaventurado. Familias enteras quieren conocerle y recibir sus instrucciones místicas y su bendición. Le llevan ofrendas y regalos de todo tipo. También los reyes, príncipes, aristócratas y gobernantes acuden a escuchar sus palabras y le presentan sus respetos y admiración.

Buda, por otra parte, siempre está en óptima disponibilidad para ser preguntado, y si era necesario debatía dialécticamente con los maestros de otras escuelas, pero siempre con su carácter práctico y sin perderse en inútiles abstracciones. Insistía en la necesidad de cultivar una ética genuina, un estado adecuado de la mente y un desarrollo del verdadero Conocimiento Liberador. Cuando era necesario recurría a sugerentes parábolas o a significativos símiles y analogías. Se mostraba muy preciso al expresarse y no gustaba de abordar cuestiones sobre lo incognoscible. Jamás imponía sus opiniones, apelaba a la comprensión personal y no censuraba ninguna religión o creencia; impartía un Camino de Purificación que podían seguir creyentes de otras religiones o agnósticos. Jamás trataba de persuadir a los hombres de hogar para que lo abandonasen si ellos no optaban por hacerlo libremente y porque querían seguir por entero la vida de pureza. Es más, prestaba toda la ayuda posible a los laicos para que, a pesar de atender sus responsabilidades mundanas, también hallaran progreso interior. Pero no ocultaba que la vida de renuncia facilitaba la Búsqueda del Conocimiento, al proporcionar más tiempo para ello y al quedar la mente libre de ataduras domésticas. Así pues, cada cual debía seguir la vía que considerase más oportuna. Con respecto a las ventajas de ser un renunciante, declaraba:

Y, dotado de esta noble disciplina moral en su integridad, dotado de este noble control de los sentidos, dotado de esta noble autoconciencia surgida de la atención, dotado de esta noble satisfacción, él busca, para lecho y asiento solitarios, un bosque, el pie de un árbol, un monte, una cueva, una gruta en la montaña, un cementerio, la jungla, un montón de paja al aire libre. Y él, retornando por la tarde de la recolección de limosnas, se sienta adoptando la postura del loto, manteniendo el cuerpo erguido, manteniendo su atención enfocada.

Él, habiendo abandonado el deseo por el mundo, vive con su mente libre de deseo, purifica completamente su mente de deseo. Él, habiendo abandonado la malevolencia y la maldad, vive con su mente libre de malevolencia; lleno de compasión por el bien de todos los seres vivos, purifica completamente su mente de malevolencia y de maldad. Él, habiendo abandonado la desidia y la pereza, vive libre de ellas, purifica completamente su mente de desidia y de pereza. Él, habiendo abandonado el desasosiego y la inquietud, vive calmo; con su mente interiormente serena, purifica completamente su mente de desasosiego y de inquietud. Él, habiendo abandonado la duda, vive con sus dudas superadas; sin vacilaciones en lo que respecta a las buenas cualidades, purifica completamente su mente de duda.

Y cuando él ve aquellos cinco obstáculos ya abandonados, surge en él la satisfacción; cuando está satisfecho, surge la alegría; cuando su corazón está alegre, su cuerpo se calma; cuando su cuerpo está en calma, experimenta felicidad; si es feliz, su mente se concentra.

Buda no ignora que la persona mundana tiene que renunciar a mucho para convertirse en monje, pero a cambio anuncia que se puede obtener una profunda felicidad que no es posible conseguir en lo exterior, y que hay que hallar dentro de la mente misma.

Ya los grandes maestros yoguis que le antecedieron indicaron que la felicidad real es una fuente interior, un estado de mente, y que en el exterior se encuentra placer y dolor, diversión y tedio, pero no felicidad real. El Buda, pues, predicaba una moral para los laicos y otra, infinitamente más estricta, para los monjes. Según se dirigiera a monjes o laicos, lo hacía con uno u otro lenguaje. Sabía siempre adaptarse a la mentalidad de los que le escuchaban y su celebridad y prestigio iban constantemente en aumento. Explicaba, con una minuciosidad impresionante, la naturaleza del *Dukkha*. *Dukkha* no es sólo sufrimiento como tal, sino mucho más: es la insatisfactoriedad básica de la mente humana, tribulación, displacer, zozobra, incertidumbre, angustia, ansiedad, abatimiento y cualquier sensación de malestar. La vida acarrea *Dukkha* y en la mente el *Dukkha* se duplica y centuplica por falta de un enfoque correcto de la realidad, y porque la mente está llena de corrupciones, tales como la ofuscación, la avaricia y el odio. Buda no tenía ningún interés por la existencia humana; tampoco ningún desinterés. Era simplemente ecuánime. Pero decía a sus monjes queridos: «No alimentéis el mundo», es decir, lo fenoménico, lo existencial, el devenir. Les enseñaba el ojo de buey para emerger fuera del universo de las apariencias, donde todo es insatisfactorio y condicionado, y les proponía una vía para realizar lo Incondicionado y hallar la calma sublime sin sombra ni germen de inquietud.

Transcurrieron cinco años desde su iluminación definitiva; en sólo un lustro, la Enseñanza se había propagado de forma considerable y el número de monjes y de hermanos legos no había dejado de incrementarse. Cierto día, a los cuarenta años de edad, Buda recibió la noticia de que su padre estaba muy enfermo. Reunió a algunos de sus monjes y partió presto hacia Kapilavastu.

El Bendito encontró a su padre gravemente enfermo, postrado en el lecho. Se colocó al lado del monarca y tomó las manos de su padre entre las suyas. Suddhodana gimió:

—¡Esta vida se marcha!

Buda sabía bien que la vida es un momento que se disipa como la neblina con el amanecer. Cuando halló la liberación definitiva y vio lúcidamente el mundo, se dijo: «¡En verdad que esta vida es miserable!», porque con la visión de su ojo iluminado contempló vida y muerte, encuentro y separación, criaturas que vienen y marchan, y que ruedan de vida en vida. Comprendió que todo lo compuesto se descompone y que todo lo que nace muere.

—Padre querido —dijo—. Todo lo condicionado fluye, varía, es un proceso sin sustancia. Pero, mi amado padre, te aseguro que hay una salida, que todo ser humano puede establecerse en lo incondicionado. Si no fuera de tal modo, ¿estaría tu hijo predicando la Vía, sin descanso, sin tregua, sin desfallecimiento? No es el poder que acumulamos fuera de nosotros el que nos proporciona un terreno seguro, sino el poder que hallamos en la mente pura y limitada. Hora es ya, padre, de que medites y sigas la senda de la purificación.

Durante horas estuvo Buda junto al monarca, enseñándole a meditar, mostrándole la manera de contemplar desapegadamente todos los procesos de su cuerpo y de su mente para desarrollar la intuición y la sabiduría. Así, Suddhodana obtuvo el Conocimiento directo y liberador, fue soltándose plácidamente y, durante varios días, estuvo en un elevado y clarificado estado de conciencia, hasta que, apaciblemente, se extinguió.

Capilla budista de Karla (India).

Imágenes de Buda en un monasterio de Bangkok.

Después de la muerte del monarca, los sakyas comenzaron a ser hostigados por sus vecinos los kolyas. Los sakyas, muy molestos, buscaron una excusa para emprender una guerra abierta contra ellos:

—Por culpa de un dique que habéis construido vosotros, los kolyas, el agua no llega a nuestros arrozales. Os damos un ultimátum y si no destruís el dique, entraremos en guerra.

Los kolyas replicaron:

—Tenemos derecho a construir ese dique para evitar que las aguas aneguen nuestro campo de cultivo. Utilizáis ese pretexto porque queréis entrar en guerra.

A uno y otro lado del río Rohini se dispusieron los ejércitos para librar la primera batalla. Cuando Buda se enteró de ello, acudió al lugar y, reuniendo a los generales, les preguntó:

—¿Tiene la tierra algún valor intrínseco, un valor duradero?

—No —respondieron los generales—. Pero es que el agua...

—¿Acaso el agua tiene un valor intrínseco, un valor duradero? —los interrumpió Buda.

—No, ciertamente, pero los tiempos exigen el sacrificio de la sangre.

Buda preguntó:

—¿Y es la sangre de los hombres de algún valor intrínseco?

Los generales comprendieron el valor de la vida de un hombre y de cómo era inútil derramar sangre por un dique. Entonces hicieron la paz. Pero habrá lectores que, con sana curiosidad, quieran saber cuál fue el destino del reino de los sakyas y de Kapilavastu. Tras la muerte del monarca, debilitada la moral guerrera de los intrépidos sakyas (muchos de los cuales habían comprendido la enseñanza del Buda de que el odio no puede extinguir el odio) y sin príncipes sucesores que de verdad pudieran reinar, los reinos vecinos —y con más probabilidad que ningún otro el de Kosala, con su beligerante rey Virudhaka terminarían por destruir Kapilavastu y por poner término a la gloriosa dinastía de los sakyas.

Mientras tanto, el Buda no dejaba de ocuparse directamente de sus monjes y de mantener en perfecto equilibrio la Orden, porque, al aumentar el número de monjes, la tarea era más ardua. Por otro lado, él siempre se sintió el responsable directo del bienestar físico, mental y espiritual de sus discípulos. Los amaba y quería lo mejor para ellos, siempre, eso sí, respetándolos y evitando imposiciones coercitivas. Sabía que el mayor peligro era el de la indolencia y por eso constantemente los exhortaba en los siguientes términos:

¡Levantaos! ¡Incorporaos! Preparad sin desmayo vuestra paz mental. Esta doctrina, monjes, es para el hombre enérgico, fuerte y de propósito firme, no para el indolente.

Los prevenía contra el apego y el ego, los invitaba a que se atendieran y cuidaran los unos a los otros, y a que evitaran disputas y resentimientos; les aconsejaba el camino del medio, aun cuando había discípulos de otros maestros mucho más ascéticos que se burlaban de los de Buda, y los acusaban de ser vagos y blandos en la práctica espiritual. También entre los discípulos del Buda había algunos que gustaban de las extremadas prácticas ascéticas, pero él les desaconsejaba esos métodos. Así ocurrió en el caso de Sona, que hasta convertirse en monje había sido el más célebre intérprete de laúd. Como sentía Sona que no avanzaba espiritualmente lo suficiente, se puso a practicar la ascesis más dura. Una de sus penitencias consistía en caminar por senderos pedregosos con los pies desnudos. Un día, el Buda vio que había un reguero de sangre en un camino. Preguntó la causa y se enteró de que se debía a la penitencia efectuada por Sona. Le hizo llamar y le dijo:

—¿Acaso, Sona, no desfalleces porque a pesar de tu excesivo celo no liberas la mente de sus trabas? ¿Acaso no te entristeces porque a pesar de tus anhelos no logras la visión clara? ¿Acaso no ha surgido en ti, incluso, la duda de volver a la vida mundana?

—Así es, señor —reconoció Sona abatido—. No progreso lo suficiente.

—Tengo entendido, Sona —dijo el Buda—, que tocas muy bien el laúd.

—Ciertamente, señor.

—Si tensas demasiado las cuerdas del laúd, ¿es lo apropiado para ser tocado?

—Claro que no —repuso Sona—. El sonido emitido sería demasiado elevado.

—Y dime, mi buen Sona, si sueltas demasiado las cuerdas, ¿suena bien?

—En absoluto, señor. Suena demasiado bajo.

—Pero, Sona, si las cuerdas del laúd no están demasiado tensas ni demasiado sueltas, ¿suenan bien?

—Así es, señor. Así es como deben estar las cuerdas.

—Ahora pues, atiéndeme, Sona. Del mismo modo hay que aplicarse a la meditación y la práctica. Un esfuerzo excesivo crea tensión e irritación en la mente, en tanto que la indolencia crea distracción y nubla la conciencia. Con respecto a la vida espiritual, hay que hacer un esfuerzo mantenido y ecuánime, avanzando gradualmente, y así la dicha sobrevendrá y con la dicha aparecerá después el Nirvana.

Cada monje tenía su temperamento y sus propensiones, y Buda trataba de conocer a cada uno de ellos y proporcionarle las instrucciones adecuadas. En verdad que habrá habido pocos maestros que hayan cuidado tanto a sus discípulos y que se hayan mostrado tan accesibles hacia ellos. ¡Cuánto deberían aprender de un guía tal la legión de gurús egomaníacos que hay en la actualidad!

Tanto respetaba Buda la inteligencia de los que le seguían, que siempre les pedía que sólo aceptasen lo que les conviniese para su evolución. A este respecto el siguiente pasaje es muy significativo. Cierto día, en el pueblo de Kesuputra, en el país de Kosala, un buen número de nobles *kalamas* se acercaron hasta el Bienaventurado y le dijeron:

—La confusión alcanza a veces nuestras mentes. Maestros de las más variadas opiniones e instrucciones pasan por aquí y predican su doctrina. Son enseñanzas a veces muy diferentes, incluso totalmente contradictorias o discrepantes, así que nunca sabemos qué pensar ni qué creer.

El Buda se explicó de la siguiente manera:

—Os digo una cosa: nunca creáis una herejía por el hecho de que viene siendo oída desde hace mucho tiempo. No creáis en las tradiciones por su simple antigüedad o porque se hayan ido transmitiendo generación tras generación.

No creáis nada por meros rumores que los demás propaguen sin utilizar su facultad de razonar. No creáis nada porque sea acorde a vuestras escrituras, ni creáis nada sobre la base de la suposición o la simple deducción. No creáis nada porque la presunción lo favorezca, ni creáis nada porque se avenga a vuestras ideas preconcebidas. No creáis nada por la simple autoridad de vuestros maestros y sacerdotes, porque resulten cordiales al expresarse, o tengan una grata personalidad o exijan que se los respete.

Siempre que vosotros mismos sepáis: «Estas enseñanzas no son buenas, están llenas de errores, son condenadas por los santos; cuando se siguen y se practican conducen a la disputa, a la ruina y a la pena», siempre que sepáis eso, Kalamas, rechazadlas.

Pero siempre que sepáis por vosotros mismos tras una completa indagación: «Estas enseñanzas son buenas, están libres de errores, son alabadas por los santos; cuando se siguen y se practican conducen al bienestar y a la felicidad propia y de los otros», entonces, Kalamas, aceptadlas como verdaderas, vivid según ellas y de acuerdo a ellas.

Buda tenía la habilidad para entablar siempre óptimas relaciones con los monjes y, hasta donde era posible, favorecía las de los monjes mismos. Les aconsejaba que no polemizaran inútilmente, que se quisieran y que no permitiesen que vanas discusiones alejasen a los unos de los otros, que se atendiesen con cordialidad y buenos modos, y que cuando uno de los monjes enfermase, le prestasen toda la ayuda posible. El mismo Buda socorría a todo monje enfermo en cuanto se le presentaba la oportunidad. En una ocasión, un monje estaba muy enfermo, seguramente con una agudísima disentería, y se retorcía de dolor entre sus propios excrementos. Buda le vio y se dedicó a limpiarle con todo cariño y esmero. Luego convocó a los monjes y les dijo:

—Monjes mendicantes, ya no tenéis ni madre ni padre que puedan preocuparse por vosotros. Si no os preocupáis los unos de los otros, ¿quién lo va a hacer? Todo el que quiera preocuparse por mí, que se preocupe de los enfermos.

Buda velaba, así, por el bienestar físico del monje, pero también cuidaba de su bienestar moral y espiritual. Sabía de los peligros de toda comunidad, sobre todo en la medida en que aumenta el número de sus miembros, y por ello trataba de mantener una óptima higiene psicológica. Pero, a pesar de sus esfuerzos, a veces surgían altercados entre los monjes, y la comunidad corría el riesgo de escindirse. Había discípulos que continuamente trataban de provocar cismas, entre ellos el astuto y codicioso Devadatta. Este monje, que desempeña en el budismo el papel de Judas en las filas de Jesús, aspiraba constantemente a ser nombrado sucesor del Buda. Se quejaba de que las reglas de la Orden eran demasiado indulgentes, y proponía otras mucho más severas. Convenció a un nutrido grupo de monjes jóvenes para que formaran otra Orden con él. Pero Sariputra y Mogallana estuvieron toda una noche convenciendo a los monjes para que no se escindiesen y haciéndoles ver que lo más sabio era el Camino del Medio. Tanto afectó la derrota a Devadatta que se puso a vomitar sangre en un ataque de odio y rabia. Lo que proponía era vivir siempre en el bosque, sin acercarse a las casas de los devotos; vivir exclusivamente de la limosna que se les diera, consumiendo los alimentos en soledad, y no aceptar invitaciones a comer en compañía de los devotos; vestirse exclusivamente con harapos recogidos de la basura, sin aceptar regalos de vestimentas; no cobijarse nunca bajo techado, y ser estrictamente vegetariano. Pero los intentos de división por parte de Devadatta sólo darán algún fruto muchos años después, en las postrimerías de la vida del Buda.

El peligro de cisma, por tanto, ya estaba en germen en vida del propio maestro. Pero lo que lograba mantener unidos a los monjes (a pesar de que en la Orden coexistían las más distintas condiciones sociales e intelectuales) era el sentido de compasión y de ecuanimidad del Despierto. Además, al haber pasado él mismo por muchas dificultades en su marcha espiritual, sabía ayudar a sus discípulos en sus cuitas místicas; orientarlos, aconsejarlos y exhortarlos. Por otra parte, los monjes experimentaban un sentimiento de unidad que les venía dado por la necesidad de enfrentarse, aunque sutilmente, a los todopoderosos brahmanes.

La tierra que incansablemente recorriera el Buda durante décadas se hallaba considerablemente brahmanizada. Los sacerdotes no veían con buenos ojos a estos *sannyasins* que se habían apartado de la ortodoxia védica y que consideraban el apego a los rituales, tan caros para el hinduismo, un obstáculo en la evolución mística. Pero, para los monjes, el tener un «enemigo» común y frontal, que además ellos jamás habían buscado, les servía seguramente de estímulo para mantenerse unidos y prestos a defender a su Maestro cuando éste era calumniado o difamado. Con su visión panorámica, Buda sabía que todo hombre es alabado por unos e insultado por otros.

No se inmutaba, pues, ni ante los elogios ni ante las calumnias. Precisamente por su elevado grado de ecuanimidad, ni siquiera consideraba la posibilidad de echar a Devadatta de la Orden, a pesar de que así se lo habían propuesto muchos monjes. Es más, parece ser que siempre trataba a su perverso primo con afecto y proximidad. Un afecto al que Devadatta correspondía con constantes traiciones; en una ocasión trató de matar al Buda arrojándole una gran roca cuando éste pasaba por un desfiladero. En contraste con la animadversión de Devadatta, el otro primo, Ananda, fue el más fiel discípulo que pueda imaginarse, además de un constante asistente personal del Maestro. Ananda tenía una memoria prodigiosa e iba acumulando en su mente todos los sermones del Buda. Era un hombre de gran corazón, pero espiritualmente, por sus karmas pasados, maduraba lentamente. Así, cuando había ya un buen número de iluminados (*arahat*) entre los discípulos, todavía Ananda estaba lejos del Nirvana, y no lo conseguiría hasta después de la muerte del Despierto.

Transcurrían los años, y el Buda mantenía muy viva la esencia de la Enseñanza. Aunque no cejaba en su empeño de que los monjes meditasen más y más, para que liberaran la mente de trabas y la aproximaran al Nirvana, también insistía mucho en la moralidad y la compasión genuinas. Decía:

—Monjes, si una persona alberga malevolencia en el caso de que unos bandoleros cerriles se dispongan a descuartizarlo con una sierra, no es un verdadero seguidor de la Doctrina. Así, monjes, debéis disciplinaros:

Vuestros espíritus permanecerán libres de máculas, y nunca saldrá de vuestros labios una palabra maligna, y viviréis siempre mostrándoos amables y compasivos, con el corazón lleno de afecto y libre de odio. Irradiaréis benevolencia incluso hacia los bandoleros, e inundaréis el mundo entero con pensamientos de infinita amistad, sin odio, sin mala voluntad. Así debéis disciplinaros.

Los Tres Mensajeros Divinos (enfermedad, vejez y muerte) no perdonan a nadie. ¿Quién lo sabía mejor que Buda? Su padre encontró la muerte; años después su gran amigo el rey Bimbisara moría asesinado por su hijo, que le robó el trono; sus discípulos y él mismo iban inexorablemente envejeciendo, y la enfermedad había dado muerte también a muchos de sus camaradas y *bhikkhus*. Nadie podía frenar el poder arrollador de los Mensajeros Divinos, que son causa de sufrimiento, pero también instrumentos hacia la mística y, por ello, deben utilizarse como objetos de meditación para superar el apego y la aversión.

La muerte de Buda

Nada menos que durante cuatro décadas y un lustro se extendió el ministerio de Buda. Cuarenta y cinco años de infatigable peregrinación por el norte de la India para proclamar la Doctrina. El número de conversiones fue en aquel tiempo descomunal. Los jóvenes ingresaban a cientos en la Orden. Como prueba basta saber que cuando Devadatta intentó crear el cisma (apelando a una mayor ascesis y rigor de disciplina), convenció a quinientos monjes jóvenes de Vaisali, que acababan de entrar en la Orden. Además de los innumerables monjes que se sumaban a Buda, muchos seglares se convertían a sus filas y se hacían hermanos legos. Asimismo, monarcas, príncipes, oligarcas, gobernantes y nobles, del mismo modo que mendigos y descastados, adoptaban la Buena Ley. Había entre los discípulos célebres músicos, acaudalados comerciantes, sagaces políticos y excepcionales médicos. Entre estos últimos, por cierto, hay que destacar a Djivaka, que lograba curas realmente prodigiosas.

El Buda iba sumando años. En la medida en que envejecía, Devadatta se mostraba más activo en sus intenciones de asesinarle o destituirle. Su afán de poder era insaciable, y aprovechaba cualquier asamblea para crear tensiones y disturbios. Como Buda era muy tolerante con el sentir y pensar de los monjes, los dejaba en libertad para que ellos tomasen, de acuerdo a su inteligencia clara, sus propias decisiones. Devadatta, a su vez, insistía en convencer a todos de que el Maestro estaba viejo y cansado, y que debía nombrar sucesor..., esto es, nombrarle a él jefe de la Orden. Los monjes se opusieron constantemente a tal solicitud, y Buda tenía muy claro que el sucesor y maestro era siempre la Enseñanza. ¿No bastaba con el *Dharma*? ¿No era el *Dharma* el gran instructor, el maestro imperecedero? Devadatta no se resignó. Contrató a unos asesinos para que pusieran fin a la vida del Buda, pero cuando éstos fueron a intentarlo experimentaron tal amor y compasión en el Buda que no pudieron hacer otra cosa que arrodillarse ante él y pedir ingresar en la Orden. Es entonces cuando —como hemos adelantado en el anterior capítulo— el ambicioso primo arroja una inmensa roca sobre el Buda, que le cae tan cercana que hiere uno de sus pies. Por si todo ello fuera poco, sobornó al *kornac* (conductor de elefantes) de un agresivo paquidermo para que lo emborrachara y lo lanzara, furioso, contra el Buda. El accidente ocurrió cuando el Buda se hallaba paseando en compañía de sus monjes por una ciudad. El elefante, enloquecido, corrió en dirección al Maestro. Los monjes, despavoridos, huyeron. Buda mantuvo la calma y exhaló amor sobre el elefante que, al punto, se detuvo y amansó.

Es con la compasión con la que el Buda logra pacificar no sólo furiosos elefantes, sino personas malévolas y aviesas. Su gran amigo el rey Bimbisara había sido asesinado por su hijo Adjatasatru, según la habitual costumbre de que el príncipe heredero quisiera convertirse antes en monarca, y no por medios muy lícitos. Pero he aquí que este codicioso y corrompido individuo (que se dice que estaba muy negativamente influido por el corrupto Devadatta) un día siente fuertes remordimientos y la angustia de que su hijo proceda con él como él lo hiciera con Bimbisara. En el colmo de la agonía psíquica, quiere hallar un maestro espiritual que le conforte. Es su médico real, precisamente el ya mencionado Djivaka, quien le aconseja visitar al Buda. El monarca parte en busca del Bienaventurado nada menos que con quinientas de sus concubinas e igual número de elefantes. El séquito abandona Rajagrija y se dirige hacia el Parque de los Mangos. Allí reina un silencio maravilloso y reconfortante. El rey se encuentra con el Buda y le pide que le hable de los beneficios de ser monje. Después de escucharlos, le cuenta al Buda, con todo detalle, cómo asesinó a Bimbisara y cuán arrepentido se encuentra. Buda le da instrucciones para que siga un camino de pureza y purificación. Para Adjatasatru no será una tarea fácil, y a causa de sus deméritos el monarca no hallará el Nirvana en esa existencia, pero, por haberse arrepentido de su grave falta, habrá empezado a caminar por el sendero hacia la liberación definitiva en otra u otras existencias.

¡Cuántos amaneceres y anocheceres en las planicies de la Madre India! ¡Cuántos innumerables desplazamientos llagando los pies en sus tierras polvorientas! ¡Cuántos discursos, cuántos sermones, cuántas asambleas de monjes, cuántas sesiones de meditación y sublimidad! Han sido cuarenta y cuatro años de predicación y decenas de miles de monjes conforman la Orden. La fama del Buda se ha extendido por toda la India y fuera de la India. Yogui de yoguis, maestro de maestros, es ampliamente respetado, y no pocos brahmanes hubieran dado lo que fuera por tenerlo entre sus filas ortodoxas.

En una ocasión, próxima la muerte, Ananda contempla al Maestro viejo y cansado. No quiere aceptar que un día el cuerpo de Buda pueda quedar sin vida. El fiel discípulo se siente apesadumbrado y le pide que prolongue unos años su existencia terrenal, ante lo cual el Maestro replica:

—Aunque pudiera, Ananda, no lo haría; aunque pudiera. Ha habido muchos budas antes que yo y también murieron. ¿Cuántas veces me has oído decir que porque hay vida hay muerte?

—Pero, señor —argumenta Ananda—, queda mucho por hacer.

—Lo que el Tathagata debía hacer ya lo ha hecho. El *Dharma* no muere. Sea el *Dharma* el refugio, el maestro, la senda.

Días después Sariputra acudió a hablar con el Buda. Los dos eran ya mayores, habían hecho mucho por el *Dharma*, y mucho se habían amado. Sariputra era un poco mayor que el Buda y solicitó su permiso para ir a morir a Nalaka, de donde era originario. Pero, además, y aunque muy anciana, todavía vivía la madre de Sariputra y, a pesar de ser una mujer muy recta, no había aún conseguido entrar en la senda de la iluminación. Sariputra quería aprovechar para impartirle algunas instrucciones espirituales.

Al amanecer, Sariputra reunió a algunos de sus discípulos, y se despidió de ellos:

—Os exhorto a que perseveréis en la meditación. No desfallezcáis. Proseguid hasta el Nirvana.

Con algunos discípulos partió hacia Nalaka. Nada más llegar, sólo unos días antes de su propia muerte, visitó a su madre, muy enferma en el lecho, y le impartió elevadas instrucciones y meditaciones para purificar la mente. La madre consiguió penetrar en la senda de la liberación, que tendría lugar definitivo en otras existencias. Sariputra se sintió satisfecho y declaró: «Ahora sí que ya he cumplido con mi madre, la brahmán Rupa-Sari, pagándole la deuda de gratitud por haberme criado».

La enfermedad de Sariputra se agravó en poco tiempo e inmediatamente hubo de guardar cama. Entonces, en presencia de algunos monjes recitó los siguientes versos:

No me alegro de morir, pero tampoco de vivir;
con sosiego y plena conciencia quiero dejar el cuerpo.
No me alegro de morir, pero tampoco de vivir;
como el jornalero que recibe su paga quiero dejar el cuerpo.

La separación de los monjes que le rodeaban estaba muy cercana. Dirigiéndose a ellos, Sariputra dijo:

—Cuarenta y cuatro años, hermanos míos, hemos vivido juntos, y juntos hemos viajado. Si en todo este tiempo os he sido desagradable con alguna palabra u obra, perdonadme.

Emocionados, los monjes contestaron:

—Venerable señor, de ti, a quien hemos seguido como la sombra al cuerpo, no nos ha venido nunca el más mínimo desagrado. Pero perdónanos tú a nosotros, señor, si en algo te hemos fallado.

Al declinar el día, el león del *Dharma* se envolvió en su túnica anaranjada y, cubriéndose con ella la cabeza, se echó sobre el lado derecho, adoptando la llamada «postura del león». Su mente penetró en elevada absorción, desplazándose sucesivamente por las cuatro abstracciones materiales, por las cuatro abstracciones inmateriales y por el estado de cesación de la percepción y la sensación. Así ascendió y descendió por todas las abstracciones mentales y, establecido en la cuarta, exhaló su último aliento y halló el definitivo *parinirvana* (liberación total, incluso del cuerpo). Eso sucedía en el instante mismo en que el sol despuntaba en Oriente. Era el plenilunio del mes de *kattika*.

Transcurrieron quince días. La muerte acechaba al otro gran discípulo del Buda: Mogallana. Corría el novilunio siguiente a la muerte de su gran amigo Sariputra, cuando unos rufianes, pagados por malvados discípulos de un maestro de la localidad, que odiaba a Mogallana por sus grandes poderes psíquicos y por su alta sabiduría, dieron muerte a este gran iluminado. Ya, anteriormente, lo habían intentado, pero con su clarividencia Mogallana lo había visto y los había burlado. Antes de morir, con un esfuerzo extremo, logró llegar hasta los pies del Bienaventurado y exhalar junto a él su último suspiro. Mientras Ananda sollozaba, Buda dijo:

Verdaderamente felices, vivimos sin odio entre los que odian. Entre seres que odian, vivamos sin odio.

Buda había cumplido ochenta años. Reunió a los monjes y les habló:

La ganancia suprema es la salud; la mayor riqueza es el contento; un amigo de confianza es el mejor pariente; Nirvana es la dicha sin igual.

El Buda y el monje Ananda se pusieron en dirección a Beluva, donde pasarían el retiro con motivo de la estación de las lluvias. Aquél era el último viaje del Bienaventurado y él lo sabía; unos días después, la enfermedad se cebó con su anciano cuerpo. Sólo gracias a un esfuerzo por reunir sus energías y no disolverse todavía para dejar todo bien dispuesto para la Orden, logró sobreponerse. Pero su cuerpo estaba muy enfermo; Ananda, siempre a su lado, le atendía con mucho amor. Volvió a pedirle que no muriera aún y que prolongase su vida algunos años hasta que la Orden estuviera más afianzada. Buda replicó:

—¿Qué espera todavía la Orden de mí, Ananda? Nunca he ocultado nada. He mostrado la verdad y no he hecho distinción entre una enseñanza esotérica y otra exotérica. Jamás he guardado nada en puño cerrado. La

Enseñanza es el maestro, la Doctrina es la luz. ¿No os he dicho muchas veces que lo esperéis todo de vosotros mismos?

Pasó la estación de las lluvias y el cielo se volvió limpio y azul. El grupo, entonces, se puso en marcha hacia Vaisali. Cada vez más enfermo, el Buda seguía soportando estoicamente su enfermedad y reprendía de forma cariñosa a Ananda cada vez que éste se lamentaba o sollozaba.

—¿Acaso no te he dicho mil veces, mi querido, que todo lo compuesto tiende a descomponerse? Sé firme en tu ánimo. No desfallezcas jamás.

Cierto día el Despierto le pidió a Ananda que convocase a los monjes para hablarles. Una vez reunidos, se dirigió a ellos y les dijo:

—Monjes, siempre os he anunciado que todo lo compuesto tiende a descomponerse, que todo decae, que todo envejece. Insistid diligentemente en la práctica. El Tathagata os abandonará en el plazo de tres meses. No os sintáis después solos ni desasistidos. La Doctrina es el maestro. Debéis permanecer autovigilantes, lúcidos, ecuánimes. Todo fluye, todo cambia, todo nace y muere, nada permanece, todo se diluye; lo que tiene principio tiene fin, lo nacido muere y lo compuesto se descompone. Todo es transitorio, insustancial y, por tanto, insatisfactorio. Hay un estado sin dolor, hay una experiencia sin sufrimiento, hay un dominio sin deseo. Hay Nirvana. Id hacia el Nirvana. Hay un camino; recorredlo sin demora. Os exhorto a cultivar la genuina moralidad; os exhorto a ejercitar la mente; os exhorto a hallar la Sabiduría liberadora.

Imágenes en estuco de la Universidad budista de Nalanda.

Cuando Yasodhara supo que el Buda había anunciado su propia muerte, acudió a verle y estuvieron departiendo mucho tiempo.

—Señor —dijo Yasodhara—, quisiera extinguirme antes que tú. ¿Me será dado?

—Te será dado, mi muy querida Yasodhara. Te será dado.

Un mes después Yasodhara se extinguía y hallaba la liberación definitiva. Rahula llevó la noticia al Bienaventurado. Yasodhara se había hecho monja hacía tiempo (cuando se creó la orden de monjas) y había ganado la Sublimidad. Padre e hijo se sintieron muy contentos con el logro supremo de tan maravillosa mujer.

A pesar de la grave enfermedad que el Buda ecuánimemente soportaba, seguía viajando con sus discípulos. Era el último viaje, sí, pero la rutina cotidiana seguía observándose con toda fidelidad. Estando próximo el fin, el Buda aún se ocupaba más del entrenamiento y evolución espirituales de los monjes. Muchos monjes que habían ido a predicar en todas las direcciones volvieron junto al maestro al saber que había anunciado su propia muerte. Buda era, por tanto, acompañado por centenares de ellos. El nutrido grupo caminaba por el país de los mallas, hasta que decidieron instalarse en el Bosque de Mangos, propiedad del hijo de un orfebre llamado Chunda. Por la localidad se propagó entonces la noticia de la llegada del Buda y las gentes decían: «Ha llegado el Tathagata. El que enseña la Doctrina que es hermosa en el comienzo, hermosa en el medio y hermosa en el fin, en su espíritu y en su letra; y proclama la vida religiosa realizada en su integridad, completamente pura».

Al conocer Chunda que el Buda y sus discípulos se habían instalado en su bosque, acudió apresuradamente al lugar para saludarlos. Buda le instruyó, le abrió a la comprensión sobre el Origen Dependiente y le facilitó ejercicios de meditación para que viera el surgir y desvanecerse de todos los fenómenos y para que reconociera las tres características básicas de la existencia. Chunda se sintió tan profundamente agradecido que insistió para que el Buda y sus monjes acudieran a comer a su casa.

El Buda no quiso desairarle y aceptó. Al día siguiente, al amanecer, se pusieron en dirección a la casa del hijo del orfebre. Los criados de Chunda habían estado cocinando toda la noche y preparando buena cantidad de alimentos. Cuando llegaron, Chunda sirvió al Maestro abundante carne de cerdo de una olla. El Buda intuyó que no estaba en buenas condiciones y dijo:

—Chunda, tomaré esta carne cocinada con tanto cariño, pero a los monjes dales otros alimentos.

Acto seguido, el Buda tomó el plato que Chunda le había preparado. Y añadió:

—Te estoy muy agradecido, pero ahora, Chunda, coge el resto de la comida de esta olla y manda enterrarla, y que nadie vaya a comerla.

—Por supuesto, señor —dijo Chunda.

El Bienaventurado, a ruegos del hijo del orfebre, habló una vez más sobre la Doctrina. Pasadas unas horas, se sintió muy mal. El guiso le había envenenado y agravado su enfermedad; tuvo una hemorragia y experimentó intensos dolores. Entonces, dirigiéndose a Ananda, dijo:

—Partamos para Kusinara.

La comitiva partió de Pava, pero el Buda se encontraba muy debilitado hasta que, de repente, a punto de caer, se apoyó en un árbol y dijo:

—Ananda, te lo ruego, dobla mi manto en cuatro.

El Buda se echó a descansar sobre el manto y pidió que su fiel ayudante le llevara agua de un riachuelo cercano. Un poco repuesto, él mismo se acercó al río Kukuttha y se bañó. Luego se extendió otra vez sobre el manto y adoptó la postura del león. Y dijo a Ananda:

—Que nadie vaya a despertar remordimiento en Chunda porque su comida me haya sentado mal. Al revés, hay que decirle que se sienta muy feliz porque ha acumulado grandes méritos proporcionándome la última comida. Sí, buen karma ha acumulado. Que a nadie se le ocurra decir lo contrario, porque no sería verdad. He de decir que crece el mérito de aquel que da. No se acumula el odio en aquel que se controla. De igual manera que el bueno abandona el mal; con la destrucción del deseo, del odio y del autoengaño se alcanza el Nirvana.

Y añadió:

—Te diré, Ananda, mi siempre fiel y amado asistente, que no hay ilusión mayor que aferrarse a lo que es transitorio y vacuo. Tal traba impide la llegada al Nirvana.

Ananda comenzó a sollozar. Buda intervino:

—Basta ya, Ananda. No llores, no te preocupes. Y pidió que los monjes se situaran a su alrededor.

—Ananda ha sido un asistente impecable, sabedlo, monjes.

Tras una breve pausa, agregó dirigiéndose a Ananda:

—Corre presto y anuncia mi muerte a los mallas.

Las familias mallas, nada más conocer la noticia de la próxima muerte del Maestro, corrieron a su lado. Después, un *sadhu* errante, de nombre Subhada, solicitó hablar con el Bendito. Ananda quiso impedírselo, para que no lo fatigase, pero Buda insistió en que le permitiesen hablar con él. El *sadhu* llevaba años indagando en muy diferentes enseñanzas y estaba desorientado. El Buda le dijo:

—Amigo *sadhu*, te aseguro que en cualquier doctrina o disciplina que no se encuentre el Noble Óctuple Sendero, no hay ningún hombre verdaderamente santo, sea del primero, del segundo, del tercero o del cuarto grado. Pero en aquella doctrina y disciplina en la que se encuentra el Noble

Óctuple Sendero hay hombres de verdadera santidad, de los cuatro grados.

Tras estas palabras, el *sadhu* se hizo monje. Después el Buda, haciendo acopio de sus últimas energías vitales, dijo:

—Podría ser, monjes, que hubiera dudas o recelos en la mente de alguno de vosotros acerca del Buda, de la Doctrina, del Sendero o del método. Preguntad libremente y así no tendréis que reprocharos después que tuvisteis ante vosotros al Maestro y no le preguntasteis aprovechando su presencia.

Pero nadie necesitó preguntar. Entonces el Buda añadió:

—Inherente a todo lo compuesto es que ha de descomponerse. Os exhorto a trabajar diligentemente por vuestra liberación.

Después sus labios callaron. Su mente recorrió las regiones más altas de la conciencia y pasó por elevadas y lúcidas absorciones, hasta que, viajando más allá todavía, se extinguió apaciblemente.

El silencio era total, tanto que ni siquiera se escuchaba el graznido de los cuervos. Olía a mango y reinaba en el lugar una paz infinita.

15

Honras Fúnebres y reparto de las Cenizas

Los príncipes mallas trasladaron el cadáver del Buda hasta la ciudad, donde le rindieron honores de soberano. Su cuerpo fue lavado y rociado con los néctares más exquisitos, y, luego, incinerado con la más pura madera de sándalo. Después guardaron los restos y las cenizas en un santuario de su palacio, con la intención de quedarse las reliquias para ellos solos. Pero los monarcas, príncipes y devotos de todos los estados vecinos acudieron prestos al palacio malla para exigir reliquias. Los mallas se negaron a entregarlas y, entonces, los licchavi, los sakyas, los bulaka, los brahmanes de Visnudvija, los kaudya y otros linajes se dispusieron para entablar una batalla abierta contra los príncipes mallas y arrebatarles las reliquias.

Un noble brahmán muy sensato, de nombre Dhumrasa, recordó cuánto había predicado Buda sobre la no violencia y la compasión, y convenció a todos para que depusieran las armas y se repartieran equitativamente las cenizas.

Así se hizo, y las cenizas del Buda sembraron paz y no discordia. Todo ello sucedió hace dos mil quinientos años, al norte de la India, en la cuenca del Ganges.

SEGUNDA PARTE

LA ENSEÑANZA

16

Enciende tu
Propia Lámpara

BUDA

Si un hombre a lo largo de la historia de la humanidad ha investigado realmente a fondo en la naturaleza de los fenómenos, en el sufrimiento y en el origen del sufrimiento, ése ha sido, sin duda, Buda. Tras convertir su cuerpo y su propia mente en el laboratorio de su exploración, descubrió, vivencialmente, el interminable flujo de lo fenoménico y las raíces de todo lo doloroso. Pero Buda no sólo dilucidó las causas del sufrimiento, sino que supo hallar las claves y métodos para aliviar y superar lo que genera la ignorancia de nuestra mente. Yogui entre los yoguis, e incansable buscador de lo Incondicionado, persiguió el conocimiento liberador, la visión profunda y esclarecedora que desata los grilletes de la ignorancia, la ilusión y el dolor. Sabía que el conocimiento ordinario y el saber libresco no conducen a lo que está más allá de los conceptos, a lo que se instala en la antesala del pensamiento. Sondeó en su propia naturaleza de ser que siente para conocer la de todos los seres que sienten. Todos los seres buscan felicidad y todos evitan el dolor.

El ser humano está sometido a la ofuscación de su mente y en su psique se celebra un juego de luces y sombras que le confunde y que le llena de ansiedad, insatisfacción, tribulación y sufrimiento. Lo que más nos ata, pensaba, es nuestra propia mente; lo que más nos encadena es nuestra propia ignorancia.

El conocimiento no es Sabiduría, sino cultura, información, datos, saber; pero no Sabiduría. Podemos darnos conocimiento los unos a los otros, enseñárnoslo, prestarnos datos e informaciones, pero no podemos trasladar a los otros nuestra Sabiduría. Podemos incluso indicar caminos o vías hacia ella, pero nadie puede tomarla de otro. La Sabiduría nace en uno mismo, es intransferible. Por eso, Buda declaraba: «Los Grandes enseñan la Ruta, pero tú tienes que recorrerla». Y, por eso, también decía: «Enciende tu propia lámpara», o «Busca refugio dentro de ti mismo, ¿qué otro refugio puede haber?». Ésa es la razón por la que siempre apeló a la inteligencia y descartó toda superstición o placebo pseudoespiritual. Alentaba al trabajo sobre uno mismo para mejorar; animaba al esfuerzo para crecer interiormente y liberar la mente de trabas, condicionamientos y falacias. La suya es una enseñanza directa, pragmática y sin ambages.

No hay lugar para el engaño ni para el autoengaño. Tras obtener una excepcional lucidez, brotó de él mismo, con la naturalidad con la que la flor exhala su aroma, una enseñanza despejada y sin equívocos ni oscurantismos. Siempre mostró lo fundamental para liberar la mente del dolor que producen la ignorancia y el autoengaño, y no se perdió en inútiles ni acrobáticas abstracciones. Valoraba la inteligencia clara y sabía que de ella deriva el verdadero amor y la compasión. Invitaba a poner en marcha las energías de iluminación que están aletargadas en todo ser humano, porque había descubierto que en toda persona hay una naturaleza búdica o iluminada.

Ahora bien, que él había comprendido mucho más de lo que enseñaba es innegable, pero brindaba aquello que realmente permite hollar el sendero de la purificación.

Dejaba de lado la metafísica, la erudición, las abstracciones filosóficas y las disquisiciones religiosas para proporcionar el núcleo de una enseñanza que se propone liberar la mente de innecesarios sufrimientos y reorganizarla a un nivel que pueda percibir las cosas como son. Su enseñanza bien podría condensarse en unas breves palabras que gustaba de señalar: «Ven y mira». Buda jamás decía: «Ven y espera», «Ven y cree», «Ven y supón» o «Ven e imagina», sino «Ven y mira». Mirar las cosas como son, sin una mente vieja con antiguos y anquilosados modelos de conducta o patrones; mirar los hechos tal cual se suceden, sin prejuicios, engañosas descripciones o falsas interpretaciones; mirar los fenómenos tal cual surgen y se desvanecen, sin que intervengan los condicionamientos psíquicos, los perturbadores códigos mentales, las expectativas o los temores.

La suya es la enseñanza de la atención y la observación, de la calma y la ecuanimidad, de la visión cabal y la compasión.

LA SUPERACIÓN DEL SUFRIMIENTO

Cuando él mismo se iluminó, comprendió la realidad del sufrimiento. Entendió, de modo hiperconsciente, que existe un sufrimiento que resulta muchas veces inevitable y que nos asalta a nuestro pesar. Nadie está exento de él. Pero hay otro tipo de dolor evitable: el que engendra nuestra mente neurótica, reactiva, incapaz de enfocar con claridad los fenómenos y las situaciones, enraizada en el conflicto y la avidez, víctima de su propia ignorancia, y abocada a soportar el malestar y la pesadumbre. Ese sufrimiento que deriva de la ignorancia humana sí es superable, e incluso el malestar que no se engendra en la mente puede ser atenuado si se superan las comunes reacciones anómalas.

Buda propuso un camino para emerger de la ignorancia y liberar la mente de impedimentos. Ese camino es la Enseñanza, el *Dharma*, a cuyo propósito declaraba: «Morar con el *Dharma* como una isla, con el *Dharma* como Refugio. No buscar ningún Refugio externo». Uno debe convertirse en su propio maestro, en su propio guía, en su propia antorcha. El secreto reside en transformar la mente, superar las condicionantes y viejas estructuras, lograr la visión esclarecedora, cabal y profunda que brota de una mente pura. La Enseñanza carece de dogmas, creencias preestablecidas y prejuicios religiosos. La mente es la lámpara, y la conciencia, cuando se acrecienta y purifica, reporta el conocimiento liberador. De modo que, cuando la conciencia se limpia de todo filtro, es capaz de percibir lo Real, y no sólo la realidad que se le superpone ni la realidad psicológica que distorsiona la verdadera realidad. Sólo una mente que habita en la inmediatez, con clara e imperturbada conciencia, libre de condicionamientos, puede captar lo que se oculta tras las apariencias. Una mente tal se obtiene en la medida en que se trabaja psicológicamente sobre uno mismo para ir erradicando todas las trabas que encadenan la mente ordinaria.

Existen tres grupos de trabas, según el Buda, y tres raíces del Bien y otras tres del Mal. Sin recurrir a ningún ser de orden superior —en el que el Buda no creía— y sólo mediante el propio esfuerzo de autodesarrollo y autopurificación, tendrá el ser humano que liberarse de los tres grupos de trabas, despojarse de las tres raíces del Mal y fomentar las tres raíces del Bien. La mente del ser humano es la mente de la humanidad. La soledad, el miedo y el desamparo de los seres humanos son la misma soledad, miedo y desamparo de la humanidad. De manera que, al trabajar sobre nuestra mente, trabajamos en la mente de la humanidad. Todos hemos heredado una mente, con su lado luminoso y su lado siniestro, pero a cada uno toca, si lo desea, poder transformarla y embellecerla, en lugar de permitir que siga siendo un estercolero.

LAS TRABAS DE LA MENTE

Los tres grupos de trabas que encadenan la mente humana son: el primero, el grupo de las opiniones e ideologías a las que nos aferramos, sean falsas o no lo sean, y que nos embriagan de tal modo que, por ellas, podemos llegar a herir o matar a los otros. La constituyen todos esos puntos de vista personalistas, juicios y prejuicios, y, en definitiva, aquellos conceptos narcisistas que embotan la mente y pueden sacar de nosotros lo más cruel y salvaje. Por un puñado de conceptos los hombres se torturan y matan entre sí y han cubierto la tierra de horrores y errores. Las ideologías ofuscan la mente y cierran el corazón. Las opiniones a las que nos aferramos dividen, «esquizofrenizan».

El segundo grupo de trabas e impedimentos está conformado por los venenos de la mente, los sentimientos y pensamientos basura: celos, avidez, aversión, miedos, odio, ira, envidia... Estas trabas —algunas de las cuales vienen dadas por la evolución de la especie, es decir, son códigos evolutivos, muchos de ellos obsoletos— se intensifican en el ser humano debido al pensamiento confuso y malevolente que lo caracteriza.

El tercer grupo de trabas está configurado por lo que el moderno psicoanalista Jacques Lacan ha denominado «los círculos o anillos sin cerrar», es decir, las situaciones inacabadas o asignaturas pendientes, las frustraciones sin digerir, las conductas aprehendidas sin resolver mediante una genuina y consciente elaboración. En conjunto, todas las trabas nos impiden hallar la fuente de bienestar interior y perturban la relación con nosotros mismos y con los demás.

Templo de la Aurora, Bangkok.

Empañan la visión y condicionan el comportamiento. Son sólidos modelos de conducta mental que hay que ir superando para recobrar la iluminada naturaleza original.

LAS RAÍCES DEL BIEN Y DEL MAL

Las tres raíces del Mal o de lo perverso que anidan en la mente humana son la ignorancia o el autoengaño, la avidez y la aversión. Toda mente humana está ofuscada, en una dimensión tan pobre, en una atmósfera tan enrarecida, que se crean miedos y paranoias. Buda insistía en la necesidad de superar estas raíces poco provechosas para nosotros y para los demás. Invitaba a la moralidad genuina y a la meditación para neutralizarlas.

Las tres raíces del Bien son el autoconocimiento, la generosidad y la compasión. Si fuéramos capaces de superar las raíces de lo perverso y potenciar las del bienestar, cambiaría la faz de la tierra. Buda halló un sendero y lo mostró a los demás. Alentaba a sus discípulos en la necesidad de depender de uno mismo, y no de los otros, para la Liberación. Proclamaba: «Esperadlo todo de vosotros mismos», porque cada uno es responsable de lo que sucede en su mente. La hemos heredado, arrastra la historia evolutiva y la propia historia psicológica, pero podemos modificarla y mejorarla. Ése es el signo, principio y fin de toda técnica de autorrealización y de toda terapia: modificar para mejorar; poner medios y condiciones para recuperar la libertad interior. Para Buda hay una fuerza de destino que nos condiciona, pero que podemos variar y aun instrumentalizar.

Nacemos en un río (conformado por el país y la familia donde nacemos, por las predisposiciones genéticas, el sexo, las actitudes y un largo etcétera), pero, en sus aguas, tenemos la posibilidad de nadar por la superficie o de bucear, inclinarnos hacia una orilla o hacia la otra, fluir con la corriente o luchar para remontarla. En consecuencia: hay destino y no hay destino. O, mejor, hay destino y uno va rehaciendo su destino. Buda declaró:

> *No existe en todos los universos, visibles o invisibles, más que una sola y misma potencia, sin comienzo, sin fin, sin otra ley que la suya, sin predilección, sin odio. Ella mata y ella salva, sin otro objeto que el de realizar el destino. La muerte y el dolor son las lanzaderas de su telar; el amor y la vida son sus hilos. Pero no intentéis penetrar en lo impenetrable; el que interroga se equivoca, el que responde se equivoca. No esperéis nada de los dioses despiadados, sometidos ellos mismos a la ley de Karma, pues nacen, envejecen y mueren para renacer, y no han conseguido superar su propio dolor.*

Como todos los verdaderos y grandes maestros espirituales, Buda insistía en la necesidad de despertar. El sueño profundo en el que vive la conciencia genera sufrimiento sobre el sufrimiento. Es cierto que hay un dolor inherente a la vida, pero también hay un dolor provocado por la estrechez mental y por la anquilosis emocional del ser humano. Existen vías hacia lo que está más allá del sufrimiento, y, trabajando sobre sí mismo, Buda halló una de ellas: «Abrid los oídos, monjes. El camino está hallado». Tuvo maestros, encontró grandes yoguis que le proporcionaron claves de liberación, se relacionó con mentores espirituales e instructores místicos, pero él mismo tuvo que encarar el esfuerzo necesario para emerger de la naturaleza homoanimal y establecerse en la conciencia inafectada. Cada uno es, por tanto, el responsable de su propio pensar y proceder. Buda dijo:

Ninguna falta puede ser compensada. El hombre nace solo, vive solo, muere solo. Y es él quien se abre el camino que puede conducirle al Nirvana, al maravilloso reino del No-ser, el No-ser-más.

Las Cuatro
Nobles Verdades

La comprensión más profunda y genuina es aquella que modifica nuestro interior y muta la conciencia, y no aquella otra, la simplemente intelectual, que se queda en una idea y no mueve una pulgada el eje de la mente. Buda desarrolló tanto el entendimiento puro, que logró desencadenar esa visión mental que los budistas originales denominaron *vipassana*: la visión justa, cabal, penetrante y esclarecedora. Con esa visión libre e incontaminada, profunda y a la vez panorámica, Buda vislumbró lo que habría de convertirse en la verdadera médula de su Enseñanza, la quintaesencia de la denominada

Buena Ley o *Dharma*. El núcleo de esta Enseñanza está configurado por las Cuatro Nobles Verdades que él mismo formulará a los primeros monjes. Sobre este núcleo se arman su doctrina y sus métodos soteriológicos. En este punto hay que destacar que la Enseñanza del Buda es una sutil y lúcida psicología de la liberación, que tiende toda ella a purificar los contenidos mentales, desarrollar la visión liberadora y conducir la mente a un estado de integración.

LA PRIMERA NOBLE VERDAD:
EL SUFRIMIENTO

La Primera Verdad es la del sufrimiento. ¿Quién no se encuentra con el sufrimiento? ¿A quién no le alcanza? El mismo Buda, como príncipe Siddharta y a pesar de vivir rodeado de lujos, tuvo ocasión de toparse con él al desnudo. Hay sufrimiento porque hay nacimiento, vejez, muerte, separación de seres queridos, circunstancias adversas, enfermedad, transitoriedad y, en suma, sensaciones dolorosas y desagradables. Por otra parte, Buda no negó jamás que haya placer, sino que insistió en que precisamente por ello hay sufrimiento. Placer y dolor son los dos aspectos de la naturaleza. El ser humano no ha aprendido a relacionarse con ninguno de ellos, porque se aferra al placer, generando una avidez desmedida, y rechaza el dolor inevitable, añadiendo sufrimiento al sufrimiento. Por eso, Buda indagó hasta límites increíbles en la sensación, porque sabía que ésta condiciona toda nuestra vida. Además de las cinco sensaciones físicas, hay una sexta: la mental.

En todos los seres, las sensaciones físicas operan de manera funcional, sin estar apoyadas por la sexta sensación con la misma fuerza que lo está en el ser humano. Esto es, todos los seres que sienten buscan sensaciones agradables y detestan las desagradables. Tal tendencia toma una fuerza arrolladora en el ser humano, pues en él están fomentadas y recreadas por el pensamiento. En tanto no desarrolla un equilibrio superior, el ser humano reacciona desorbitada y anómalamente tanto al placer como al dolor, a las sensaciones agradables como a las desagradables. El hombre tiene una mente neurótica y muy reactiva. Las reactividades mentales desmesuradas intensifican el sufrimiento, añaden dolor al dolor. El sufrimiento es inherente a la vida, pero el ser humano lo intensifica con su mente conflictiva, desapacible y confusa.

Hay mucha ofuscación en la mente, declaraba Buda, y de tal ofuscación sólo brota dolor, insatisfactoriedad y fricción. La ofuscación no permite la visión clara ni un proceder consecuente. El sufrimiento comienza en la propia mente del ser humano, que engendra continuo dolor para sí mismo y para los demás. Es cierto que cuando surge la sensación agradable se experimenta placer. Pero al ser humano no le basta con disfrutarlo, sino que al tragarse el cebo se traga el anzuelo, porque comienza a aferrarse a esa sensación agradable o placer, el cual genera mucha avidez, dependencia mórbida y ansiedad. La avidez es uno de los signos más inherentes a la mente humana. Por el contrario, cuando la sensación es dolorosa surge el sufrimiento. Al ser humano no le basta con el dolor, sino que reacciona generando mucho más sufrimiento en su interior, añadiendo sufrimiento al sufrimiento.

Por otra parte, también hay sensaciones neutras, que no son en sí mismas placenteras ni dolorosas, pero que terminan por causarnos embotamiento y tedio. La mente humana se mueve así en los estrechos parámetros de la avidez y la aversión. Como nuestra actitud no es la adecuada, hasta el placer nos produce a menudo dolor, porque queremos repetirlo, intensificarlo, hacerlo permanente y no perderlo jamás. Se desencadena entonces la demanda neurótica de seguridad y la dependencia mórbida. Buda sondeó con mucha precisión todos estos mecanismos. Comprendió con lucidez hasta qué punto el ser humano está condicionado por la sensación y cómo es posible viajar a otra dimensión mental en la medida en que uno desarrolla la atención pura y la ecuanimidad. Aunque haya sufrimiento, cada mente lo vivirá de acuerdo a sus propias reacciones.

Una mente que se haya establecido en la atención altamente desarrollada y en la firme ecuanimidad se enfrentará al dolor de una manera diferente y, sobre todo, no generará sufrimiento inútil y neurótico. Si bien es cierto que nadie puede escapar al dolor, también lo es que puede enfocarse de muy distintos modos, y, al menos, es posible no añadirse más sufrimiento al ya existente. Pero ¿es verdad que nadie puede escapar al sufrimiento? Buda dijo que hay una salida. Las sensaciones agradables, desagradables y neutras proseguirán mientras estamos en nuestra envoltura carnal, pero hay una vía para ir más allá de todo ello. El sufrimiento siempre existirá, tal fue el contundente diagnóstico de Buda. La razón es que todo es transitorio y efímero, y surge el sufrimiento cuando hay aferramiento o apego. Todo lo que nace muere; todo lo compuesto se descompone. Soportar a las personas aviesas es dolor, y mayor dolor es separarse de los seres amados. Pero Buda sabía que era posible atravesar el sufrimiento y que para ello era necesario desarrollar una visión muy clara de los hechos, una visión consciente de la realidad del dolor:

> *Si vais hasta la orilla de un lago y arrojáis una roca y aceite en su superficie, observaréis que la roca se hunde y el aceite flota. Por mucho que os empeñéis en lo contrario, ¿flotará la roca y se hundirá la mancha de aceite?*

El Maestro invitaba a modificar aquello que podía y debía ser modificado; pero sabía que tratar de obviar el dolor inevitable es ignorancia y genera más dolor. En este sentido es muy célebre la parábola del Grano de Mostaza.

Cuando Buda en una ocasión estaba residiendo en el Parque Bania, una mujer solicitó verlo. Entre sus brazos llevaba el cadáver de su hijito, que había muerto recientemente. La mujer lloraba sin consuelo y le suplicó:

—Venerable Señor, devuélvele la vida a mi hijo.

Buda miró tiernamente a la mujer y le dijo:

—Buena mujer, te pido que vayas a la aldea más cercana y que visites las diferentes casas. En aquella en la que no haya habido alguna muerte, pide un grano de mostaza, tráemelo y devolveré la vida a tu hijo.

La mujer corrió hacia la aldea más próxima. Visitó durante horas casa tras casa, pero en ninguna pudo pedir el grano de mostaza, porque no había hogar donde no se hubiera producido una muerte. Volvió hasta donde se encontraba el Buda y dijo:

—Señor, no he podido traerte el grano de mostaza, porque en todas las casas alguien había muerto.

Y Buda, amorosamente, le dijo:

—¿Lo ves, mujer? Es inevitable. Anda, ve e incinera a tu hijo.

Buda sabía que había que superar autoengaños, escapismos y subterfugios, pues por difícil que sea es la única manera de ir más allá del sufrimiento ordinario. Como es un hecho que el sufrimiento es universal y alcanza a todos los seres de cualquier condición, Buda exploró en sus mecanismos sin tregua. Indagó en todas las formas de dolor, y entendió que sólo mediante una radical mutación interior es posible situarse más allá de él. Para ello es necesario superar las viejas estructuras de la mente; se requiere cultivar la atención esclarecida y conquistar la energía de precisión y cordura de la ecuanimidad. Hay que hacer sobre uno mismo un trabajo tal que permita una apreciación muy diferente de los acontecimientos, y una reacción aneurotizada de las sensaciones. De sus sagaces sermones, uno de los más hábiles en este sentido fue el de los Dardos:

> *Monjes, una persona mundana que no conoce la Enseñanza experimenta una sensación agradable, experimenta una sensación desagradable o experimenta una sensación neutra. Un noble discípulo que conoce la Enseñanza también experimenta una sensación agradable, una sensación desagradable o una sensación neutra. ¿Cuál es la distinción, la diversidad, la diferencia entre un noble discípulo*

que conoce la Enseñanza y una persona mundana que no conoce la Enseñanza?

Cuando una persona mundana que no conoce la Enseñanza es tocada por una sensación dolorosa, se inquieta y aflige, se lamenta, se golpea el pecho y llora y está muy turbada. Es como si un hombre fuera traspasado por un dardo y, a continuación del primer impacto, fuera herido por otro dardo. Así pues, esa persona experimentará las sensaciones causadas por dos dardos. Ocurre lo mismo con la persona mundana que no conoce la Enseñanza: cuando es tocada por una sensación dolorosa (corporal) se inquieta y sufre, se lamenta, se golpea el pecho, llora y está muy turbada. Así, experimenta dos sensaciones: la sensación corporal y la sensación mental.

Pero en el caso de un noble discípulo bien enseñado, monjes, cuando es tocado por una sensación dolorosa no se inquieta, no se aflige ni se lamenta, no se golpea el pecho ni llora, ni está muy turbado. Experimenta una sensación: la corporal, pero no la mental. Es como un hombre que ha sido traspasado por un dardo, pero no es herido por un segundo dardo que sigue al primero. Así, esa persona experimenta las sensaciones causadas por un solo dardo. Ocurre lo mismo con un noble discípulo que conoce la Enseñanza, cuando es tocado por una sensación dolorosa, no se inquieta, no se aflige, ni se lamenta, no se golpea el pecho y llora, ni está muy turbado. Experimenta una sola sensación, la corporal.

¡Cuánto sufrimos por no querer sufrir! Buda siempre invitaba a la alegría, a la placidez interior, a la benevolencia y a las óptimas relaciones. El mal está ahí: es el sufrimiento. Es una enfermedad, pero según nos manejemos con ella, podremos aliviarla o intensificarla.

LA SEGUNDA NOBLE VERDAD: LA CAUSA

Buda formuló la Segunda Verdad, que es que el sufrimiento tiene una causa. Si en la Primera Noble Verdad diagnosticó la enfermedad, en la Segunda, señaló su causa. Explorando sin descanso en sí mismo y en los fenómenos, halló la razón del sufrimiento, que es la avidez, la codicia, el ansia, el aferramiento, el anhelo desmedido, la «sed». Es, en suma, la voracidad; una voracidad implacable y egocéntrica que somete al ser humano, le convierte en un animal extraordinariamente agresivo y peligroso, le hace avaro, corrupto, desleal e insaciable. Tal insaciabilidad sin límites es la causa del sufrimiento; esa «sed» descontrolada que produce el apego y la avidez humana es su origen. Una cosa es el deseo y otra es la pulsión.

El ser humano es pulsional y compulsivo, ávido y desmesurado. Tiene tan desarrollado su sentido de la posesividad y sus actitudes son tan egocéntricas, que trata siempre de incrementar, coleccionar, poseer y retener. No sabe soltar, no sabe desapegarse, no sabe liberar. A mayor apego, mayor sufrimiento; a mayor aferramiento, más miedo a perder, más incertidumbre, más dependencia mórbida, más dolor. Pero todo lo adquirido puede perderse; todo es transitorio, efímero, insustancial. En su desorbitada codicia, el

Aspecto del templo budista de Borobudur (Indonesia).

ser humano busca gratificación en una y otra parte, a costa de lo que fuere, como un chacal sediento. Esta «sed», este anhelo neurótico, ofusca la mente y cierra el corazón. Buda entendió lúcidamente hasta qué punto esta avidez propia del ser humano genera dolor propio y ajeno y ha sido la causa de todas las desigualdades e injusticias sociales, de todas las disputas y reyertas, masacres y guerras desde la noche de los tiempos.

Buda sabía que la revolución exterior sin una revolución interna es inútil. La «sed» anida en las mentes de aquellos que hacen la revolución en nombre de la justicia. Es necesario cambiar la mente del hombre y proporcionarle entendimiento real. Porque los viejos modelos de conducta mental se perpetúan, el ser humano no ha cambiado interiormente en millones de años. Buda se preocupaba mucho, y se ocupaba ciertamente, por mejorar las condiciones de vida externa y propiciar las óptimas relaciones entre los seres humanos; evitó guerras y aconsejaba a príncipes y monarcas, pero tenía la certeza de que el primer cambio debe comenzar en el escenario de la propia mente.

La «sed» pervierte el discernimiento, distorsiona la visión. No sólo la «sed» de objetos externos, que puede ser la más inocente, sino la avidez y aferramiento a las ideas, a los puntos de vista, al poder, al ego. Donde hay ego no hay amor. Hay que renunciar al sentido de posesividad y obtener para la mente una dimensión de claridad donde no deambulen los miedos, las paranoias y las autoafirmaciones narcisistas. Como el hábil cirujano que abre la herida cerrada en falso, para que emerja todo el pus, Buda desenmascaró todos los autoengaños y falacias del ser humano, e invitaba a trabajar sobre uno mismo sin tregua y a meditar para que se drenase la «infección» de la psique. La falsa autoestima, la arrogancia y la vanidad, la autoimportancia y soberbia son modos de la avidez. Esta avidez del ser humano es como un pozo sin fondo. Pero cuando uno desarrolla la visión profunda, y entiende que todo es efímero y transitorio, empezando por el propio cuerpo, entonces el apego cede y esa voracidad desmedida va perdiendo la fuerza de sus cimientos. Esa etiqueta pegada a ninguna parte que es el ego, fantasma sediento e insatisfecho, debe ser desmantelado. Es el sentimiento desarrollado del Yo el que genera tanto aferramiento y afán de posesividad. Sólo purificando el ego y liberándose del sentido del Yo, puede lograr una persona dar el gran salto hacia la mente iluminada. Siddharta Gautama renunció a todo para hallar lo Incondicionado. Para ver lo que está más allá de las apariencias y del ego, se requiere una transformación radical y un giro espectacular de la mente; tienen que caer los viejos patrones de conducta mental y los ancestrales códigos evolutivos. Como decía Buda, la mayoría de los seres humanos pasan toda su vida caminando de arriba abajo por la misma orilla, en lugar de decidirse a cruzar a la otra. Nos identificamos mecánicamente con todo y a todo nos aferramos. Así, el sufrimiento profundiza y se intensifica. La ausencia misma de placer ya nos crea dolor, y nuestras descontroladas reacciones volitivas nos someten a servidumbre. Buda, en su afán por ayudar a la humanidad, invitaba y exhortaba a la libertad interior: diagnosticó la enfermedad y la causa de la enfermedad. Pero fue más allá al formular la Tercera Noble Verdad.

LA TERCERA NOBLE VERDAD:
LA ANIQUILACIÓN DEL DOLOR

Si un médico diagnostica el mal y su causa, pero no puede hacer nada para combatir la enfermedad, ¿qué clase de médico es? La Tercera Noble Verdad es que el sufrimiento puede ser aniquilado. ¿Quién ha supuesto que Buda era un pesimista? Él nunca perdía la sonrisa ni el contento, encaraba las situaciones difíciles con ecuánime intrepidez, y mostraba el camino para dejar en sus justos términos el sufrimiento y el placer, y para ser algo más que una marioneta en los poderosos hilos del dolor. ¿Hay un estado de la mente donde puede cesar la voracidad y se pueda poner término al sufrimiento? ¿Hay una dimensión de la psique donde sea posible instalarse más allá de la «sed», y situarse equilibradamente entre el placer y el dolor? ¿Es posible establecerse más allá del ansia que tanta desolación ha creado a lo largo de la historia de la humanidad?

Si la avidez y el aferramiento son las causas del sufrimiento, habrá que entrenarse en el desapego para atravesar el fantasma del sufrimiento y hallar la bienaventuranza. Aniquilando la avidez, se pone fin al sufrimiento; si remite la «sed», cede el dolor. Pero la avidez se encuentra tan enraizada en la mente humana que se requiere una estrategia sabia y muy minuciosa para erradicarla: la psicología budista dispone de métodos eficaces de transformación, y de toda una praxis para transformar la mente y abrir el corazón. De momento, el que aspire a ello debe comenzar por ensayar y cultivar las Moradas Sublimes (a las que más adelante nos referimos). Debido a que él mismo hubo de someterse a una honda transformación liberadora, conocía bien los medios que era necesario utilizar, que mostró a lo largo de cuarenta y cinco años. Buda no cejó nunca en tal empeño, ni siquiera cuando estaba muy enfermo. Siempre alentó a la búsqueda, declarando una y otra vez: «La Enseñanza es buena en el principio, es buena en el medio y es buena en el fin». También aseguraba que la Enseñanza es el maestro, el vehículo para pasar de la orilla de la ignorancia a la del conocimiento, la senda hacia lo Incondicionado. Insistía en la necesidad de la autovigilancia y la pureza, del conocimiento directo y vivencial y del discernimiento esclarecido. En una ocasión habló así a un monarca:

Así como, oh gran rey, en medio de los montes hay un lago puro, brillante, cristalino, y ahí un hombre de buena vista parado en la orilla ve conchas y caracolas, arena y piedras y cardúmenes de peces en movimiento o detenidos, y piensa: este lago puro, brillante, cristalino; en él hay estas conchas y caracolas, arenas y piedras, y cardúmenes de peces están en movimiento o están detenidos; de la misma manera, oh gran rey, el monje, teniendo su mente así concentrada, pura, limpia, sin mancha, libre de impurezas, maleable, lista para el trabajo, estabilizada, e inmóvil, aplica, dirige su mente hacia el conocimiento de la destrucción de las impurezas. Él conoce de acuerdo con la verdad: éste es el sufrimiento; él conoce de acuerdo con la verdad: ésta es la cesación del sufrimiento; él conoce de acuerdo con la verdad: éstas son las impurezas; él conoce de acuerdo con la verdad: éste es el camino que conduce a la cesación de las impurezas. La mente de aquel que conoce así, que ve así, se libera de la impureza del deseo, su mente se libera de la impureza de la existencia, su mente se libera de la impureza de la ignorancia. Y en él, así liberado, se produce el conocimiento: es la liberación. Él conoce: el renacer ha sido destruido, la vida religiosa ha sido realizada, se ha hecho lo que se debía hacer, nada queda después de la actual existencia.

Si el sufrimiento deviene por la avidez y esta avidez puede superarse, se pondrá término al sufrimiento. Pero, además, para el Buda (que se refería al renacimiento, como ya veremos, y no a la reencarnación), al alcanzarse la liberación definitiva, se ponía término a la rueda de renacimientos y se emergía para siempre del *samsara* (el universo fenoménico, la existencia como tal). Sin apego no hay devenir. Cuando la purificación de la mente es total y la compasión mana del corazón, se experimenta la paz y la sublimidad que es el Nirvana o liberación definitiva. Se aniquilan la ofuscación, el apego y el odio, y la mente recobra su naturaleza búdica o iluminada.

Al iluminarse, el Buda entendió de manera supraconsciente que, por no haber conocido y entendido las Cuatro Nobles Verdades, tanto él como los restantes seres humanos estaban encadenados al renacer continuo, y explicó:

Hasta que tuve una visión y un conocimiento perfectamente claros y exactos de estas cuatro verdades, no pude tener la certidumbre de haber logrado la iluminación perfecta.

Para obtener esta comprensión cabal fue necesario un inmenso trabajo sobre sí mismo. Sólo después de haber drenado todos los condicionamientos de su mente y haber desencadenado la visión liberadora (*vipassana*), pudo entender una Realidad que está allende la realidad ordinaria:

Así es como llegué a comprender aquel principio profundo, difícil de ver, difícil de entender; fuente de sosiego, excelente y sutil, inaccesible al solo razonamiento, y que sólo los sabios pueden entender.

Buda conectó con aquello que escapa a la mente ordinaria, con lo Inefable, con lo que se oculta tras las apariencias y no es posible percibir hasta haber liberado la mente de toda traba. Tomó conciencia de que no era nada fácil captar aquello y que sólo unos pocos estaban llamados a hacerlo, hasta tal punto que habría de declarar: «Pero algunos hay que no tienen los ojos demasiado empañados. Éstos sí podrán comprender la verdad».

Si Buda sólo hubiera hecho referencia al sufrimiento y a su causa, y hubiera hablado de la posibilidad de evitarlo, pero sin proporcionar una terapéutica para emerger de la masa del dolor, su enseñanza sería incompleta. Pero la praxis liberatoria y la vía de purificación se hallan en la Cuarta Noble Verdad: la Noble Verdad del Sendero que conduce a la cesación del sufrimiento.

El Noble
Óctuple Sendero

Existe un estado de liberación total de la mente y de ausencia de todo apego, miedo y ofuscación que la tradición de la India ha denominado Nirvana. El Nirvana es la cesación de todo sufrimiento, la sublimidad sin límites, y la inquebrantable quietud del que nada ansía y nada teme. El que lo obtiene es un iluminado o un liberado-viviente, y desde el enfoque budista ha conseguido sustraerse a la rueda de los sucesivos renacimientos.

De la tradición ancestral de la India, Buda adoptó la ley del karma, pero no la teoría de la reencarnación, sino la del renacimiento. Dado que para Buda no hay un ser fijo o un Yo permanente, no existe, por tanto, una entidad espiritual que vaya tomando cuerpo tras cuerpo. No hay nada fijo que se reencarne, pero sí acumulaciones mentales e impulsos subliminales que van pasando de uno a otro ser hasta que, mediante la liberación definitiva, ese flujo se sustrae a toda existencia ulterior. Éste es el aspecto más difícil de comprender de toda la enseñanza budista, porque de hecho no puede ser esclarecido sólo a través de los conceptos o del limitado lenguaje: se requiere de la experiencia. De otro modo siempre surge la pregunta: si no hay un Yo para renacer, ¿qué renace? U otra más contundente: si no hay nadie para liberarse, ¿quién obtiene el Nirvana? Tales preguntas vienen formuladas desde la pura lógica, y precisamente el entendimiento lúcido y perfecto se sitúa más allá de la lógica y de la dinámica de los pares de opuestos en que ésta se basa (frío-calor, amargo-dulce). Trataremos de sintetizar el tema del renacimiento antes de abordar la Cuarta Noble Verdad, es decir, antes de explicar la vía directa para sustraerse a toda posterior existencia.

Hay una ley universal de causa y efecto, acción y reacción. Tal ley es el karma. Pero este karma es también voluntad y deseo, lo que siempre deviene en futuros efectos. Y todo pensamiento, palabra o acción engendra su propio efecto, su karma correspondiente, que será recibido en esta vida o en sucesivas. Por tanto, la ley del karma es también una forma de distribución equilibrada. Como el que lanza el bumerán que regresa a la mano, cada actividad mental o física genera un karma que nos es devuelto. Así, la inexorable ley del karma no hay que entenderla como un destino o sino implacable, puesto que de hecho cada uno hace su propio karma. Buda no sólo apelaba de manera constante a la inteligencia del individuo, sino que también insistía en su responsabilidad, y, en especial, en cuanto no hay un ser supremo en el que descargarla. Aseguraba que todo acto arroja su fruto, y declaraba que «dondequiera que renazca un ser, allí es donde le madurarán sus actos, y al madurar los actos recoge su fruto, ya en esta misma vida, o en la siguiente, o en una ulterior». Para el Bienaventurado, nadie puede justificar o pretextar sus actos, ni evitar su responsabilidad sobre ellos. Por eso señalaba:

Los seres son dueños de sus actos, herederos de sus actos, hijos de sus actos; están sujetos a sus actos, dependen de sus actos; todo acto que cometan, sea bueno, sea malo, de aquel acto heredarán.

De tal modo que sólo una conducta (en pensamiento, palabra y acciones) impecable evita un karma negativo.

Para Buda todo es una sucesión de fenómenos condicionados, un continuo fluir. Los fenómenos, sin una entidad permanente, ruedan y ruedan sin cesar. Todo surge y se desvanece, para volver a surgir y desvanecerse. Esta transitoriedad, este surgir y desvanecerse también alcanza, y de lleno, a todos los componentes o agregados del ser humano. ¿Por qué renacemos? Por la ignorancia y el apego. El apego origina un karma de renacimiento; la avidez es una poderosa fuerza que induce a proseguir con la existencia fenoménica; la «sed» es un impulso irrefrenable que nos impulsa de existencia en existencia (en cualesquiera de los planos que los budistas describen).

El anhelo desorbitado es la potencia que impulsa el renacimiento. Sólo cuando se alcanza el Nirvana, que pone fin a toda aflicción, apego y miedo, se extingue todo impulso de renacer: cuando la cera de la vela se acaba, se extingue su llama. El mundo fenoménico es el *samsara*. El impulso irrefrenable de continuar y el apego al *samsara* nos lleva de renacimiento en renacimiento, como el viento arrastra una hoja a su voluntad. Los pensamientos, palabras u obras teñidos por el egocentrismo y por la volición egoísta generan sus efectos debido a la inexorable ley de causalidad que es el karma. Nuestro último momento-pensamiento de la actual vida impulsa el primero de la sucesiva, como una bola de billar impulsa a otra. ¿Qué hay del «uno» de esta vida en el «uno» de la siguiente? El impulso, la sed de proseguir, el apego. Es como (recurriendo de nuevo al ejemplo de la vela) la llama de una vela que enciende otra. No es la misma vela, pero algo conserva de la anterior. Esa energía impersonal (cargada de propensiones subliminales) es la que toma existencia tras existencia. No hay un Yo permanente que transmigre, en opinión del Buda y en contra de la concepción del hinduismo. Renacen los impulsos y renacen todas las fuerzas y anhelos que ansían proseguir, debido a su propia voluntad de perpetuarse. Esa energía abandona unos agregados (cuerpo-mente) para tomar otros, y así sucesivamente hasta que se obtiene la liberación definitiva. Los agregados son el cuerpo o materia, las sensaciones, las percepciones, las actividades mentales y la conciencia. Todo ser humano dispone de estos cinco agregados que conforman la actualmente denominada «unidad psicosomática». En tanto no se obtiene el Nirvana, estos cinco elementos están sometidos al sufrimiento inevitable, y, también, son víctimas de la enfermedad, la decadencia, la vejez y la muerte. Cuando sobreviene la muerte, los cinco agregados se disuelven, pero el impulso de existencia, la sed ciega de manifestación, toma otros agregados.

Al morir, el impulso que deja esos agregados tiene su propio deseo de renacimiento, de modo tal que cuando se den las condiciones oportunas, el esperma y el óvulo serán receptáculo de su deseo-de-renacimiento y se engendrará un nuevo ser. Sólo con la liberación definitiva, con el Nirvana, se extingue el impulso de devenir y cuando con la muerte los agregados se disuelven, ya no se retorna a la Rueda de los Renacimientos. ¿Se sigue existiendo en otro estado? ¿Se deja de existir? ¿Hay extinción? ¿Hay eternidad? Buda consideraba todas estas cuestiones improcedentes, porque entran en el terreno no sólo de lo desconocido, sino de lo incognoscible y porque jamás podrán ser dilucidadas mediante palabras o a través de la razón ordinaria, sino sólo mediante la experiencia meditativa. El mismo Buda no entraba jamás en tales disquisiciones o abstracciones que desvían del verdadero sendero hacia la sublimidad. Explicaba:

Supongamos que uno viene y os dice: «Pues yo no seguiré la vida de pureza que enseña el Bienaventurado hasta que él no me aclare si el mundo es eterno o no es eterno, si es infinito o no es infinito; si el cuerpo y el alma son una misma cosa o dos cosas distintas; si el Perfecto perdurará después de la muerte, o si no perdurará, o si perdurará y no perdurará al mismo tiempo, o si ni perdurará ni dejará de perdurar». Ése sí morirá antes de que el Perfecto pueda acabar de darle todas las explicaciones que pide. Es como uno a quien hubiesen herido con una flecha emponzoñada, y sus compañeros, amigos y parientes le hubiesen llevado un cirujano para curarle y el herido les dijese: «Ah, ¡no! Nada de sacarme la flecha mientras no sepa quién me ha herido: si es de casta de guerreros, de sacerdotes, de plebeyos o de siervos; cómo se llama y cuál es su linaje; si es alto, bajo o mediano...». ¡Qué duda cabe de que ése moriría antes de que pudiesen contestarle a todas sus preguntas! De igual modo, el que se niegue a practicar la vida de pureza antes de que le aclaren todas esas cuestiones sobre si el mundo es eterno o no, y todo lo demás, no cabe duda de que morirá antes de que el Perfecto pueda acabar de darle todas las explicaciones que pide.

El Buda era pragmático. Conocía la enfermedad (el sufrimiento) y, convencido de la posibilidad de ponerle término, proporcionaba un método para conseguirlo. Prevenía contra las inútiles elucubraciones filosóficas. Sin embargo, profundicemos un poco más en la cuestión del karma y el renacimiento.

El cuerpo y la mente (los agregados) mueren, pero el impulso y las propensiones subliminales prosiguen y toman otros agregados. Dependiendo del karma acumulado, se nace en uno u otro reino de existencia. El humano es sólo uno de ellos. La voluntad de existir y el apego condicionan el ciclo de las existencias: no hay un ego o ser que se reencarne. El último pensamiento dinamiza el siguiente, y así en lo sucesivo. Tal ocurre también en cada momento de nuestra vida: un pensamiento sucede a otro, un impulso condiciona a otro, los momentos-pensamientos se suceden y perpetúan, y las tendencias volitivas originan continuidad, causas y efectos. La ley de acción y reacción se cumple momento tras momento, un vamos arrastrando en el trasfondo de nuestra psique toda suerte de tendencias que se acarrean, también, de existencia en existencia. Nuestro karma acumulado se manifiesta ininterrumpidamente de instante en instante, dando el salto de una a otra existencia. Nada se pierde, porque el apego origina el karma y éste condiciona cada momento y situación. Sólo los pensamientos, palabras y actos ausentes de egoísmo no acumulan karma, sino que colaboran en ir agotando el que estaba acumulado. Sólo a través de la perfecta ecuanimidad y de toda ausencia de personalismo, el karma se va agotando.

La mente para los budistas es una reserva de impresiones, no sólo de esta vida, sino también de las anteriores. Al igual que los yoguis, consideran que todo se va adhiriendo a la sustancia mental, donde deja huellas y surcos que —salvo un entrenamiento especial— se perpetúan. A estas impresiones subliminales (que se arrastran, parte de ellas, de una existencia a otra) se las denomina *sanskaras*, y son impulsos que condicionan los modelos de conducta mental y los comportamientos en tanto no se agota su energía. Pero ¿cómo se agota? A través de las correctas actitudes internas, el trabajo meditativo y el desarrollo de la Sabiduría. Estas adherencias e impulsos que conforman la psique profunda son un flujo anímico que se retroalimenta con las reactividades anómalas de la mente, pero que pueden ser solventados con el cultivo de la atención y el desarrollo de esa energía de precisión, claridad y cordura propia de la ecuanimidad. Si se agota el anhelo de devenir, es decir, si se supera el apego, no se acumula karma y es posible sustraerse a la rueda de innumerables renacimientos. Las tendencias subliminales, las corrientes de la conciencia y las tendencias volitivas originan la continuidad, la prolongada serie de causas y efectos, cuyas energías no se extinguen con la muerte.

Según la ley inexorable del karma, todos esos residuos dinámicos son transmitidos de una a otra existencia. Traemos, pues, un karma, pero éste se va haciendo de momento en momento, en mente, y en palabra y obra. Sin embargo, cuando actuamos sin autorreferencia, sin egoísmo, nos vamos liberando de la carga negativa de karma y vamos hallando la libertad interior. Uno se convierte en el artífice de su mente, y como sea la mente serán los comportamientos. Buda declaraba que «la mente es el fundamento de todo y todo se fundamenta en la mente». Si ella está libre de los grilletes del egoísmo y sus actitudes son ecuánimes, se va quemando el karma acumulado. Pero para ello se requiere un esfuerzo. De ahí que Buda siempre aconsejase a sus monjes: «Permaneced alertas; esforzaos», porque somos el resultado de nuestras acciones pasadas y lo seremos de nuestras acciones presentes: al morir, los cinco agregados se disgregan, pero el impulso de existencia permanece.

La vida entraña sufrimiento; el dolor inherente e inevitable a todo vivir fenoménico. Sólo cuando el ser humano se sustrae del *samsara*, se halla la paz inconmensurable. Mi admirado amigo el venerable y respetado Narada Thera, abad de un monasterio de Sri Lanka y excepcional erudito budista *theravada*, me explicó en una ocasión: «En el momento de la concepción es el karma pasado el que condiciona la conciencia inicial que vitaliza el feto. Es la energía kármica invisible la que produce los fenómenos mentales, y el fenómeno de la vida en un fenómeno físico ya existente, para completar el trío que constituye el hombre». Por eso, sólo agotando toda la fuerza de los impulsos, hallaremos una paz inefable y podremos enfrentarnos a lo Incondicionado.

LA CUARTA NOBLE VERDAD: EL SENDERO

Pero la vida es aquí y ahora. El Buda insistía en la necesidad de relacionarnos con lo inmediato. Momento a momento se hacen una o muchas vidas, pero el instante es lo que cuenta. Por eso Buda declaraba: «El pasado es un sueño; el futuro, un espejismo; el presente, una nube que pasa». Todo es transitorio, efímero; el ego es sólo provisional. Pero en la realidad del momento se pueden poner los medios para hallar la vía hacia la Liberación: la meta es el Nirvana o la extinción del sufrimiento. Buda no hizo otra cosa en toda su vida de iluminado que exhortar hacia esa Liberación definitiva, y para ello formuló la Cuarta Noble Verdad, que es el sendero que conduce a la extinción del sufrimiento.

El Noble Óctuple Sendero es el vehículo capaz de desplazarnos de la servidumbre a la libertad, del embotamiento esclavizador a la lucidez liberatoria. No importa cuáles sean las creencias sobre el alma, sobre el renacimiento, sobre la eternidad o no eternidad, sobre la existencia de un ser supremo o sobre nuestra propia existencia. Lo esencial es que hay un vehículo para desplazarse de la ignorancia a la Sabiduría y tal es el Noble Óctuple Sendero que puede ser observado por cualquier persona, agnóstica o creyente, y que a todos beneficia, porque se basa en la denominada Triple Gema: genuina moralidad, entrenamiento mental y desarrollo de la Sabiduría. La genuina moralidad no tiene nada que ver con la engañosa y cambiante moralidad convencional, y es bien simple: consiste en poner los medios para no dañar a ningún ser que siente y en poner también los medios para proporcionar felicidad a los otros. La genuina moralidad es la conducta impecable, la compasión y la benevolencia. Buda recomendaba cultivar siempre que fuera posible las Santas Moradas o Estados Sublimes: benevolencia, amor, ecuanimidad y alegría altruista. También insistía en la necesidad de fomentar los llamados siete factores de iluminación: la atención, la indagación de la realidad, la energía, el gozo, el sosiego, la concentración y la ecuanimidad. Por el contrario, es necesario aprender a superar las cinco ataduras: la ilusión de tener un Yo, la duda escéptica o sistemática, el apego a ritos y ceremonias, la concupiscencia y la malevolencia. La genuina moralidad va agotando el karma, acumulado y poniendo alas de libertad a quien la cultiva. A este respecto, Buda declaraba:

> *Cuando los actos no son inspirados por la avidez, el odio y la ofuscación, no son nacidos, basados y originados en la avidez, el odio y la ofuscación, cuando no hay en ellos nada de avidez, odio ni ofuscación, entonces no queda nada por*

madurar, y los actos no tienen raíces y son como árboles truncados, que no pueden ya volver a brotar ni a crecer en el futuro.

El segundo principio de la Triple Gema es el entrenamiento mental. Esto es, el cultivo adecuado de la mente para poder mejorarla, purificarla, eliminar los *sanskaras* y desarrollar la Sabiduría. Por tanto, moralidad, entrenamiento mental y Sabiduría se complementan y son las tres gemas para la evolución del buscador. Los ocho factores que conforman el Noble Óctuple Sendero recogen la moralidad, el cultivo de la mente y los medios para desarrollar la visión liberadora. Tales factores son: la recta comprensión, el recto modo de pensar, las rectas palabras, la recta conducta, los rectos medios de vida, el recto esfuerzo, la recta atención y la recta concentración. No cabe duda de que el Buda no sólo mostró incansablemente esta vía a lo largo de sus cuarenta y cinco años de ministerio, sino que exhortaba a sus monjes a que la observaran con celo. Se la ha denominado, con justicia, el sendero directo hacia la liberación. Todas las escuelas y ramas budistas la consideran lo más nuclear de la Doctrina. Más allá de cualquier creencia religiosa o metafísica, esta vía es válida para todas las personas. Contiene ética, actitudes vitales, ciencia psicosomática, psicología, medicina de la mente y soteriología, y es de excepcional precisión.

Sólo una mente hiperlúcida, como la del Buda, podía haber tejido y entretejido tan minuciosa y sabiamente esta senda liberadora, donde nada es gratuito y nada queda al azar. Esta vía supone la práctica a la que hay que someterse para lograr la transformación y caminar hacia el Nirvana. Sin esfuerzo y sin práctica asidua, el cambio interior no sobreviene. En palabras del Buda:

> *Monjes, todo esto que yo he comprendido por experiencia propia, que os he enseñado, y que vosotros habéis aprendido, todo esto hay que practicarlo, hay que cultivarlo y ejercitarlo con asiduidad, para que esta misma vida de pureza se conserve y perdure por mucho y mucho tiempo, para bien y felicidad de muchos, por compasión del mundo, para el bien y la felicidad de todos los seres humanos y divinos.*

Así se expresaba el Buda hace ahora dos mil quinientos años. Y su Noble Óctuple Sendero sigue siendo incuestionablemente transformador. No es de extrañar que la gran mayoría de los psicólogos transpersonalistas busquen en la enseñanza del Bienaventurado, toda vez que en ella encuentran una profundísima y extraordinaria psicología de la realización. Y aunque el desarrollo de los ocho factores del Noble Óctuple Sendero exigiría por sí mismo uno o más volúmenes, es necesario hacer aquí una descripción sucinta de cada factor, ya que toda la Enseñanza del Buda se basa en ello, como el propio Maestro insistió en mostrarlo década tras década. Es la balsa, como él indicaba, para cruzar sano y salvo de una a otra orilla.

FACTORES DEL NOBLE ÓCTUPLE SENDERO

La recta comprensión es un modo lúcido de entender la naturaleza misma y el alcance de la Enseñanza. Consiste en discernir lo que es favorable y desfavorable para la evolución interna, y en saber que hay que superar los obstáculos y contaminaciones mentales, cultivar las actitudes y los actos positivos, poner en práctica las Cuatro Nobles Verdades, evitar actos nocivos, ya sean físicos, de palabra o de mente, así como fomentar los provechosos. La recta comprensión nos permite ver la existencia tal cual es, evitar lo trivial y superfluo al razonar y al hablar, no enredarse en cuestiones improcedentes o acrobacias metafísicas innecesarias, percatarse de lo más esencial para mejorar y ponerlo en práctica, desarrollar enfoques claros, y no dejarse atrapar por la madeja de opiniones y conceptos. Consiste en comprender, asimismo, la necesidad de superar el apego, el odio, la ofuscación y otras trabas. La recta comprensión es preparar la mente para que pueda ver los fenómenos tal cual son, surgiendo y desvaneciéndose, sin falsas interpretaciones, a través de la experiencia y no de la idea u opinión. La recta comprensión previene contra la tendencia a dar prioridad a lo superfluo y robársela a lo esencial y contra la propensión a dejarse atrapar y confundir por la ilusión y el autoengaño. Es, por último, una óptima capacidad de discriminación y de entendimiento purificado; y, ante todo, no es mera y simple comprensión intelectual. Sólo en la medida en que se libera la mente de *sanskaras* y negatividades, se obtiene la comprensión real y profunda. A su vez, sólo una comprensión tal modifica y libera.

El recto modo de pensar no es fácil de conseguir. Todos somos pensados y zarandeados por nuestros pensamientos, que muchas veces son reacciones en la superficie de nuestra mente, del caos y confusión que hay en su trasfondo. Nuestro pensamiento, además, está contaminado por la avidez, el odio, la ira, los celos, el egotismo y otros venenos. Un pensamiento tal no hace otra cosa que confundir y generar tensiones; además, al no estar controlado y purificado está sometido a la crueldad y a la malevolencia. Buda —que investigó como nadie en la mente humana— lo sabía muy bien, e invitaba a poner todos los medios posibles para cambiar el signo del pensamiento. El aspirante tiene que renunciar a los pensamientos malévolos, egoístas y crueles y, por el contrario, cultivar pensamientos y actitudes positivos. Según controlemos el pensamiento y según pensemos, así seremos. Tal instrucción ya la enseñaban los yoguis de la India tres mil años antes de Buda. El pensamiento puede ser luminoso o siniestro, y debe ensayarse el pensamiento contenido y clarificado, preciso y libre de ignorancia.

Las rectas palabras son aquellas que están libres de mentira, engaño, censura gratuita, calumnia, difamación, ofensa, insulto, chismes, superficialidad y grosería. Las rectas palabras son las amables, corteses, precisas, veraces y capaces de sembrar unión, concordia, afecto y fraternidad.

La recta acción es la conducta noble y limpia, el comportamiento laudable, el proceder impecable. Es provocada por la compasión, la benevolencia, el afán de cooperación, el deseo de ayudar y de evitar cualquier daño al ser que siente, la tolerancia, la alegría y la benevolencia.

Los rectos medios de vida son aquellos que nos permiten vivir sin perjudicar a los demás. Según el Buda, hay que evitar cualquier ocupación que tenga que ver con el ejercicio de las armas, el comercio de seres vivientes, la carne, las bebidas embriagadoras y las ponzoñas o drogas. Buda declara: «He aquí que el buen discípulo evita las malas maneras de ganarse el sustento y se lo gana solamente con ocupaciones lícitas: eso, monjes, es el Recto Sustentamiento».

Pero aun así, Buda insistía en que para que fuera Recto Sustentamiento Noble, hay que acompañarlo de una mentalidad noble e incorrupta. Las actitudes mentales siempre tienen una extrema importancia para el Bienaventurado; hay que tener en cuenta que la perversidad comienza en el pensamiento.

El recto esfuerzo es insoslayable para mejorar y seguir la vía de la purificación y el desarrollo de la Sabiduría. Buda lo ejemplificó perfectamente. ¿Acaso no estuvo a punto de morir en su afán por hallar lo Incondicionado? Sin esfuerzo ningún progreso es posible. ¡Cuántas veces el Buda exhortaba a los monjes y laicos al esfuerzo!

En la Enseñanza se hace referencia a cuatro clases de esfuerzo: el esfuerzo por impedir, el esfuerzo por alejar, el esfuerzo por suscitar y el esfuerzo por fomentar.

Hay que impedir que se produzcan en uno mismo actitudes y estados malos y perjudiciales, con energía y ánimo, sin desfallecer, con autovigilancia, y no permitiendo que la codicia, el odio y la ofuscación emboten la mente. Hay que alejar los estados negativos y las actitudes perjudiciales de uno mismo, expulsando la malevolencia, el sentimiento de

Templo budista en Mandalay, Birmania.

crueldad, la ira y el apego. Para ello es necesario oponerse a los pensamientos nocivos, superarlos y no identificarse con ellos, luchar por erradicarlos o transformarlos en positivos. Además, hay que suscitar en uno mismo las actitudes positivas y beneficiosas de las que uno está carente, cultivándolas, pensando provechosamente, y actuando con mucho ánimo, energía y sin desfallecer. También hay que fomentar, desarrollar y desenvolver, en el mayor grado posible, los buenos estados y actitudes beneficiosas y nobles que aniden en uno, incrementándolas y potenciándolas. Así «el discípulo fiel y bien compenetrado con la enseñanza del maestro, monjes, hace bien en decidir: aunque se me consuman la piel, los nervios y los huesos, aunque se me seque la sangre y la carne se me marchite, no desistiré de mis esfuerzos hasta haber logrado todo lo que pueda conseguirse con perseverancia, esfuerzo y energía».

Buda exhortaba a la firme determinación y, por supuesto, a la autovigilancia. Si uno no se vigila a sí mismo, será imposible siquiera recordar que conviene seguir el Noble Óctuple Sendero. La negligencia es el mayor enemigo. Se requiere una inquebrantable resolución para mutar la psique y crecer interiormente. Sólo a través del esfuerzo es posible hacerlo, y no mediante la simple experiencia o la edad. Recordemos que Buda declaraba: «La mayoría de las personas al envejecer van ganando en kilos, como el buey, pero no en Sabiduría.» El *Samyutta Nikaya* explica fabulosamente en qué consiste el recto esfuerzo:

> *El monje controla y adiestra la voluntad para que no surjan malas e insanas cualidades que aún no habían surgido en él, y para ello se esfuerza, aplica y ejercita la mente; dirige y adiestra la voluntad para abandonar las malas e insanas cualidades que han surgido en él, y para esto se esfuerza, aplica y ejercita la mente; dirige y adiestra la voluntad para que surjan las buenas cualidades que aún no habían surgido en él, y para esto se esfuerza, aplica y ejercita la mente; dirige y adiestra la voluntad para que las buenas cualidades que hayan surgido en él persistan, se multipliquen, permanezcan incontaminadas y se desarrollen hasta la perfección y para esto se esfuerza, aplica y ejercita la mente.*

El Buda a lo largo de su intenso entrenamiento psicomental había tenido que recurrir a toda su energía, motivación, recto esfuerzo y disciplina.

Los dos últimos factores del Sendero, la recta atención y la recta concentración, bien merecen un capítulo entero para ellos solos, sobre todo si tenemos en cuenta que la Enseñanza del Buda es la vía de la atención y la autovigilancia, y que ninguno de los factores del Noble Óctuple Sendero se puede ir conquistando sin una rigurosa atención. Sobre esta cuestión Buda llegó a decir: «Los que están atentos permanecen vivos, pero los inatentos es como si ya estuvieran muertos». Mediante la atención y la concentración, que facilitan el cultivo de la mente y su desarrollo, se desencadena la Sabiduría liberadora que nos permite acceder al Nirvana. También a través de estos factores será posible desarrollar la psique lo suficiente, y lograr la visión cabal (*vipassana*), que hará posible la comprensión iluminadora de las tres características básicas de la existencia y que, según Buda, son: la impermanencia o transitoriedad, el sufrimiento o la insatisfactoriedad y la *ayoidad* o insustancialidad. Antes del Buda, innumerables maestros en la India hicieron referencia a la transitoriedad y al sufrimiento, y mostraron valiosos métodos y técnicas para conocerlos y superarlos.

Buda, apartándose de toda ortodoxia, insistió en la vacuidad o relatividad de todos los fenómenos y no contempló ningún ente fijo dentro o fuera del ser humano, es decir, nada aproximado a un alma inmutable, ni a una Conciencia Cósmica permanente. No haríamos justicia ni a Buda ni a su enseñanza, si no indagáramos, siquiera brevemente, en estos tres rasgos de la existencia. ¿Cómo los descubrió Buda? Mediante su ejercitamiento experiencial. Y no a través de la razón ordinaria ni del conocimiento intelectivo, sino a través de esa visión pura (de la que también hablan los yoguis) que permite captar, lúcidamente, las cosas y fenómenos tal cual son.

Buda escaló a la cima de la conciencia. Desde la total pureza de la mente, pudo utilizar su discernimiento hasta penetrar en lo más profundo de los fenómenos. «Si conocéis este cuerpo-mente conoceréis el mundo», habría de declarar. Y así lo hizo él mismo. Con visión penetrante se autodesmenuzó; miró en lo más nuclear de sus propios componentes humanos, y así vio la base de la existencia. Y vio que esa base no era fija, inmutable, ni permanente. Se enfrentó al desnudo con las tres características de la existencia que operan inexorablemente. Tales son, como ya hemos señalado, el sufrimiento (inherente a toda forma de existencia), la impermanencia o transitoriedad, y la *ayoidad*. La característica del sufrimiento es tan evidente (lo que no quiere decir, como ya apuntó Buda, que no haya placer) que no requiere de mayores explicaciones, pero es necesario referirse, con algún detenimiento, a las otras dos características de la existencia, ya que, como las Cuatro Nobles Verdades, conforman la médula de la Enseñanza mostrada por el Buda durante cuarenta y cinco años. Sólo podremos ofrecer, obviamente, una información basada en las palabras y por tanto limitada a lo conceptual, pero estas características, al decir de los grandes maestros de meditación budista, se verifican existencialmente cuando, mediante la meditación, se alcanza un grado notable de pureza mental y de visión penetrativa. Entonces comienza a percibirse supraconscientemente el otro lado del espejo. Y el otro lado del espejo es: transitoriedad y relatividad, impermanencia y vacuidad.

Buda insistía en ello: todo lo compuesto se descompone; todo lo que surge se desvanece, todo lo que nace muere. En suma, todo cambia, todo se modifica y todo fluye. Este fenómeno de transitoriedad también alcanza, y muy de cerca, a nuestros cinco agregados. Cambian el cuerpo, las sensaciones, las percepciones, los estados de la conciencia y la propia conciencia. Todo es flujo, nada está fijo. Los fenómenos brotan y se desvanecen a cada instante, a cada momento; se trata de un *continuum* que no cesa, aquí y allá, en todas partes, de causa a efecto, de acción a reacción. El momento anterior condiciona el presente y el presente al posterior, de manera que se va formando un flujo ininterrumpido incluso en nuestra mente. Este *continuum* no tiene principio ni fin que pueda columbrarse.

Los fenómenos ruedan y ruedan, se nos dice, en el juego de luces y sombras del escenario de la existencia. Es como un río que no deja de fluir, que jamás se detiene. Cuando a través de la meditación budista se alcanza un nivel muy desarrollado de perceptividad, el practicante puede vivenciar en sí mismo este fluir. Es una experiencia beneficiosamente cataclismal e indescriptible, pero que le procura a la mente un giro total y cambia todas las actitudes mentales. Hay una ruptura en el nivel ordinario de la consciencia y se ve la Realidad oculta tras la realidad aparente. Cuando se obtiene una experiencia directa de esta característica de la existencia que es la transitoriedad (*anicca*), empiezan a quebrarse los grilletes del apego. Si todo es transitorio, ¿a qué y por qué apegarse? Y precisamente porque todo es efímero, el ser humano ordinario experimenta dolor. Se aferra y sufre. Por ilusión y autoengaños queremos inmortalizar lo que se desvanece, retener lo que se marcha. Pero como el continuo surgir y desvanecerse de todo lo constituido, de todos los fenómenos, no es fácil de ver por el ser humano a cada momento, Buda insistía en que reflexionemos, al menos, en la enfermedad, la vejez y la muerte, a las que él denominaba los Tres Mensajeros Divinos, porque nos ayudan a obtener una visión más genuina de la existencia y a hallar fuerzas para superar el ego y con él el egoísmo, y a procurar a nuestra existencia el sentido de la búsqueda de lo Incondicionado. Si todo lo constituido entraña sufrimiento, es impermanente y carece de entidad, habrá que abocarse hacia lo que no es constituido ni nacido ni condicionado. Eso es el Nirvana.

En una ocasión Buda se dirigió así a sus discípulos:

¿Qué os parece, monjes, las formas materiales son permanentes o impermanentes? —Impermanentes, señor—. Y lo que es impermanente, ¿entraña placer o sufrimiento? —Sufrimiento, señor—. Y de aquello que es impermanente y mudable, y que entraña sufrimiento, ¿os parece que se pueda con razón decir: esto es mío, yo soy esto, éste es mi Yo? —No, señor—. Exactamente igual sucede con las sensaciones, las percepciones, las actividades mentales y la conciencia: todo es impermanente y mudable, todo entraña sufrimiento y de nada puede decirse con razón: esto es mío, yo soy esto, éste es mi Yo.

Y así desembocamos de lleno en la tercera y más controvertida, y para muchos alarmante, característica de la existencia: la ausencia de una entidad fija. Al formular este aspecto de su pensamiento, Buda fue más allá que cualquier interpretación de la ortodoxia hindú. Las numerosas escuelas del hinduismo habían formulado concepciones, creencias y vías muy diversas, e incluso el sistema *Samkhya* había postulado el ateísmo, pero ninguna técnica soteriológica de la India había proclamado que nada es, que todo es vacío y que todo es relativo, incluso la existencia del Yo como una entidad fija. Por esta razón no se puede hablar en el budismo de reencarnación, como ocurre en el hinduismo (que cree en un alma que transmigra y pasa de cuerpo a cuerpo), sino de renacimiento. Es por falta de visión penetrativa y esclarecedora, afirman los budistas, que el ser humano cree en un Yo estable o en un ente permanente que habita dentro o fuera de nosotros. No hay un principio superior inmutable. Hay dioses —sometidos ellos mismos al tiempo y a la transitoriedad— pero no hay un ser superior permanente. En el plano de la cotidianeidad se puede hablar de un ego provisional, pero los cinco agregados que constituyen el ser humano no tienen un Yo tras ellos, nadie dispone de ellos ni es su dueño o siquiera testigo. Se piensa, pero no hay quien piense; se hace, pero no hay quien haga. Más aún, y por paradójico que parezca, hay liberación y Nirvana, pero no hay quien se libere o alcance el Nirvana. ¿Quién sufre? Los agregados. ¿Quién muere? Los agregados. Es el conjunto de los cinco agregados el que conforma la unidad psicosomática, pero cuando se disgregan con la mente, nada queda, salvo ese impulso de vida que enciende otra vida y otros agregados. Sólo el Nirvana pone término a ese impulso. Detrás de los cinco agregados sólo hay vacuidad (*anatta*). Así, los cinco agregados están sometidos a la impermanencia y la *ayoidad*. Volveremos a tratar de los agregados cuando nos refiramos al componente humano.

Buda declara:

> *Es como cuando un prestidigitador se instala en lugar con-currido y da un espectáculo. Y un hombre que tiene buena vista mira bien la prestidigitación y la examina con cuida-do. Y habiéndola examinado con cuidado ve que, bien mirada, es cosa hueca, vacía y sin sustancia. ¿Qué sus-tancia puede tener, en verdad, la prestidigitación? De la mismísima manera, monjes, quien examina con cuidado la conciencia, sea pasada, presente o futura, propia o ajena, densa o sutil, baja o elevada, cercana o remota, ve que, bien mirada, es cosa hueca, vacía y sin sustancia. ¿Qué sustancia puede, en verdad, tener la conciencia?*

Y de igual modo se pronuncia el Buda con respecto a las formas materiales, las sensaciones, las percepciones y las actividades de la mente:

> *En verdad os digo, monjes, que quien se complace en las for-mas materiales, las sensaciones, las percepciones, las acti-vidades mentales o la conciencia se complace en algo que en realidad es sufrimiento. Y quien se complace en el sufri-miento, yo os digo que no logrará la liberación.*

La vida es una alternancia de dolor y placer. La felici-dad no se puede hallar en lo que por su propia naturaleza es transitorio. La felicidad es un estado interior de paz inefable que viene dado cuando se supera la ignorancia, el apego y la

239

aversión. En lo condicionado no puede haber tal cosa como la felicidad. Pero el Nirvana representa la sublimidad, esto es, la bienaventuranza sin límites.

El cultivo de la
Atención

Sólo a través de la Sabiduría, que permite ver los fenómenos tal cual son y establecerse en el firme desapego, puede el ser humano poner término a ese flujo de existencia que toma forma tras forma, y emerger de la Rueda de la Vida para, hallando lo Incondicionado (el Nirvana), superar toda aflicción. Del apego deriva el sufrimiento y la incertidumbre. Para el que se sitúa más allá de la «sed» y del ego, ¿qué temor, qué tribulación, qué pesar pueden sobrevenir? Buda no deja a lo largo de toda su vida de insistir en la causa del sufrimiento. Declara:

Pendiente de lo que agrada y de lo que no agrada, se reacciona a todas las sensaciones —agradables, desagradables o neutras— con afición y ganas de gozar, y así se van creando servidumbres. Y el que se deleita con una sensación quiere conservarla, y se apega a ella. Y de este apego procede el devenir actual, y del devenir procede el nacimiento futuro, y del nacimiento proceden la vejez, la muerte, la pena, el lamento, el dolor, la aflicción y la tribulación. Éste es el origen de toda esta masa de sufrimiento.

El aferramiento y la aversión son, pues, los límites que estrechan nuestra mente y la condicionan, generando mayor dolor sobre el dolor. Pero ¿cómo liberarse del apego y de la aversión? ¿Qué vía seguir para obtener otra dimensión de la mente, más clara, luminosa y ecuánime? El Noble Óctuple Sendero, que conforma la Triple Gema (moralidad, entrenamiento mental y Sabiduría), pero de manera muy especial los factores séptimo y octavo, porque de ellos verdaderamente deriva la visión cabal de lo existente y permiten acceder a otro tipo de captación. Así, sobre la Genuina Moralidad, se desarrollan, además, las potencias mentales, y se purifican los contenidos de la psique para desencadenar la Visión Liberadora. Entonces la mente se desempaña y lo que tiene que ser visto se ve. De modo que aquel que ve lo Incondicionado ya no vuelve a dejarse arrastrar por el apego y la aversión. Como es obvio, todo ello requiere de un proceso profundísimo de transformación, mediante el cual no solamente se desmantelan las densas trabas del ego, sino que se eliminan todas las impurezas mentales que encapotan la visión.

EL SÉPTIMO ESLABÓN HACIA LA VISIÓN LIBERADORA

La recta atención es el séptimo factor del Noble Óctuple Sendero. Representa el método por excelencia para la purificación de la mente y la superación de todos los condicionamientos subliminales.

El Buda insistirá a lo largo de todo su ministerio en la necesidad de cultivar la atención mental, purificarla, intensificarla y utilizarla en busca de la liberación. La atención es una facultad preciosa de la mente y en todos los seres humanos opera en umbrales muy bajos. Una atención debilitada ofusca aún más la mente, distorsiona el discernimiento, y empaña y confunde la comprensión.

Pero la atención consciente, purificada e intensificada, permite ver más allá de lo aparente y captar el trasfondo de todo lo existente. Tanto desarrolló Buda su atención y su perceptividad que pudo captar hasta sus «unidades subatómicas». La atención es un factor salvífico; debe obtenerse en el grado más alto posible, porque, asociada a la firme ecuanimidad, permite desarrollar la visión cabal o Sabiduría. De ahí que existan numerosos métodos en la psicología budista para esclarecer, despertar y purificar la atención, que debe quedar libre de juicios y de prejuicios. Tan esencial es este tema para los budistas, y para el mismo Buda, que desde antaño se ha considerado básico un celebérrimo sermón del Bienaventurado llamado el Sermón de los Fundamentos de la Atención. En este sermón, el Maestro da minuciosas instrucciones sobre los cuatro fundamentos de la atención, que son las cuatro contemplaciones: la del cuerpo, la de las sensaciones, la de la mente y la de los objetos de la mente. Es decir, los propios agregados constitutivos (la unidad psicosomática) se utilizan como soporte para el desarrollo, cultivo y metódico entrenamiento de la atención. La precisión del método, no puedo dejar de valorarlo, es genial. Todo está perfectamente estudiado, elaborado y enseñado. Mediante este método de ejercitamiento, la mente va recobrando el desapego y la visión clara que desembocan en el Nirvana. Buda proponía constantemente a sus monjes que trabajasen en esta dirección. No bastan el estudio, la reflexión, ni las buenas obras, sino que se requiere una purificación mental que permita el acceso a otro modo de ver y de percibir la realidad. Buda declara:

> *Es como un domador de elefantes que hinca en tierra una estaca bien robusta y ata a ella por el cuello a un elefante salvaje para quitarle las costumbres salvajes, el recuerdo y la añoranza de la selva, el recelo, la torpeza, la fiebre de la selva, y para acostumbrarle a vivir cerca del pueblo y enseñarle a conducirse como se debe con los hombres. Del mismo modo, el buen discípulo debe sujetar la mente a los cuatro fundamentos de la atención para quitarle las costumbres del mundo, el recuerdo y la añoranza del mundo, el recelo, la torpeza, la fiebre del mundo, para que la mente aprenda a conducirse como se debe y logre así el Nirvana.*

Tanta importancia se confiere en los países budistas a este sermón, que a menudo los mismos seglares lo estudian y meditan, y, más aún (como he podido comprobar personalmente en mis viajes por los países budistas), se recita a los enfermos y moribundos.

Basándose en todas, en varias o en alguna de las Cuatro Contemplaciones, el meditador se entrena para desarrollar su mente y ganar la Sabiduría. La atención se dirige hacia el cuerpo, las sensaciones, la mente o los objetos de la mente. Se trabaja con la percepción pura, arreactiva y ecuánime. El meditador —como veremos en el apartado dedicado a la meditación— toma conciencia lúcida, pura y arreactiva de los procesos observados. No aprueba ni desaprueba, no interpreta, no analiza, tan sólo permanece como perceptor ecuánime de lo contemplado. De ese modo se va transformando la mente y se va recobrando la naturaleza búdica original. Mediante este tipo de meditación se aprende a ver en lo profundo de los fenómenos que surgen y se desvanecen, y se rescata una visión inaudita (por lo inhabitual) de la existencia. Pero el buscador no sólo se contenta con ejercitar la atención a través de la práctica meditativa, sino que incorpora la atención despierta a la vida cotidiana y sus actividades.

Del mismo modo que los yoguis siempre han exhortado a permanecer atentos a la mente, las palabras y las acciones, aquellos que quieren alcanzar la Sabiduría utilizan cualquier actividad para entrenar la atención y la ecuanimidad. Como decía un maestro budista: «Cuando como, como; cuando duermo, duermo, y así me adiestro en la Verdad, porque los demás cuando comen, piensan en mil cosas y cuando duermen, sueñan con mil sueños». Para adiestrarse en la atención hay que mantener el pensamiento contenido y la conciencia en la inmediatez. Se vive mentalmente de momento en momento, en el aquí-ahora, en el eterno presente. De ese modo, la mente rompe con sus estructuras ordinarias de subterfugio, y con sus resistencias y escapismos, y se abre a la realidad instantánea. Así, la atención, como dijera una y otra vez Buda, es todopoderosa, porque mediante la atención a nuestros agregados conocemos la última realidad.

Por eso, Buda aseguraba: «Todo el universo está en este cuerpo de menos de dos metros». Conociendo el cuerpo experiencialmente, conoceremos el mundo. Y mediante la atención en la vida diaria, es decir, mediante la meditación en la acción, proporcionaremos a cada momento su propio peso específico, de manera que modificaremos el eje coagulado y petrificado de la mente vieja. En el Sermón de los Fundamentos de la Atención, se puede leer:

> Asimismo, monjes, el monje actúa con plena lucidez en todo lo que hace: va y viene, mira adelante o atrás, se estira o se encoge, se viste y toma la escudilla, come y bebe, mastica y saborea, hace de vientre y orina, camina, está en pie, se sienta, duerme o vela, habla o calla, sabiendo siempre con plena lucidez lo que está haciendo. Así permanece... contemplando el cuerpo en el cuerpo.

Ciertamente el monje se dedicaba con mucha más insistencia y rigor al cultivo de la atención que el seglar, razón por la que el mismo Buda aclaraba que para llevar una vida de pureza total era más conveniente ser monje que persona de mundo, aunque siempre se ha considerado en la Enseñanza que todo ser humano, monje o seglar, puede alcanzar el Nirvana si trabaja lo necesario para ello.

La atención despierta hace posible la verdadera autovigilancia, y a través de ésta es posible mantenerse más firmemente en el Noble Óctuple Sendero. Además, la autovigilancia permite conocer la mente, hablar con conciencia, proceder lúcidamente y, desde luego, penetrar esa red de autoengaños que todos hemos tejido y que nos impide recobrar nuestra naturaleza real. La autovigilancia es un esfuerzo que debe realizar uno mismo. Nadie puede ayudarnos en tal tarea. Hay una parábola del Buda muy significativa al respecto:

En una ocasión, monjes, un acróbata trepó a una pértiga de bambú y llamó a su aprendiz. Le dijo: «Ahora, chico, sube el poste sobre tus hombros». Así lo hizo el joven. Y, entonces, el acróbata agregó: «Está bien, chico, protégeme y yo te protegeré; cuidándonos así el uno al otro nos exhibiremos con nuestras acrobacias, ganaremos dinero y bajaremos sanos y salvos de la pértiga. Tenlo pues presente, tú estarás vigilante de mí y yo vigilante de ti». Pero entonces el chico sabiamente replicó: «No, maestro, eso no resultará. Tú te proteges a ti y yo me protegeré a mí. Así, cada uno protegido y vigilado por sí mismo, enseñaremos nuestros trucos, ganaremos dinero y bajaremos de la pértiga sanos y salvos. ¡Éste es el método!».

La atención es como un diamante en bruto que se puede pulir y abrillantar, y nos permite conectar con la inmediatez y procurarle todo su peso específico. Pero Buda le confería un carácter realmente liberador a la atención, a ese puro percibir y darse cuenta de instante en instante que posibilita la renovación de la mente a cada momento y que, además, hace posible el control de los pensamientos, la vigilancia, la autovigilancia y el autoconocimiento. Aconsejaba: «Vigilad, estad atentos, sed disciplinados, ¡oh monjes!, controlad vuestros pensamientos, cuidad vuestra mente».

Los monjes habían dejado su vida familiar y social para dedicarse por entero a la Búsqueda de la Liberación y por ello Buda los exhortaba a poner en marcha todas las condiciones posibles para proseguir con éxito en el largo camino hacia el autoconocimiento. Les decía:

La vigilancia hace surgir los pensamientos saludables que estaban latentes. Hace también que los pensamientos nocivos que ya habían nacido desaparezcan. En el que está alerta, los buenos pensamientos potenciales nacen, y los malos pensamientos actuales se desvanecen.

Buda confería así a la atención despierta la capacidad de modificar las tendencias de la mente. Pero, además de todo ello, sabía hasta qué punto, por falta de atención, podemos herirnos y herir a los demás, y en qué grado, por ausencia de lucidez, podemos proceder incorrectamente. Por esta razón enfatizaba:

Monjes, no conozco nada que ocasione tantos daños como la negligencia. No conozco nada que proporcione tantos beneficios como la vigilancia. En verdad la vigilancia acarrea un gran provecho.

Puesto que todo el entrenamiento al que el mismo Buda se sometió fue con el objeto de purificar la mente y obtener la visión que libera y quiebra las cadenas de la ilusión (*maya*), no es de extrañar que pusiera una especial insistencia en exhortar a los demás a que hicieran el esfuerzo para hallar una salida al sufrimiento a través de la autopurificación. Y, por su propia experiencia, tras años de incansables esfuerzos espirituales, Buda comprendió que la atención mental es la herramienta imprescindible para emerger de la ignorancia, la mecanicidad y la ilusión, y para comenzar a desprenderse de erróneas opiniones y puntos de vista contaminados. La atención es el custodio de la mente. Así, Buda afirmaba:

> *Monjes, en una ciudad real fronteriza hay un guardián inteligente, experto y prudente, que mantiene fuera a los desconocidos y admite sólo a los conocidos, para proteger a los habitantes de la ciudad y rechazar a los extraños. Semejante a ese guardián es un noble discípulo que está atento y dotado de un alto grado de atención y prudencia. Recordará y tendrá en la memoria incluso aquello que haya sido hecho y dicho hace mucho tiempo. Un noble discípulo que tenga la atención como guardián de su puerta rechazará lo que no sea saludable y cultivará lo saludable, rechazará lo que sea censurable y cultivará lo que es intachable, y preservará su pureza.*

Sin atención, en la mente anidan y se recrean (y se autopropulsan *ad infinitum* debido a las reactividades) la codicia, el odio y la ofuscación. La atención lúcida es la espada luminosa que rasga las tinieblas de la mente. El desarrollo de la atención y el acrecentamiento de la conciencia colaboran en la superación de las antiguas estructuras y esquemas mentales, suturando viejas heridas, descodificando códigos nocivos y resolviendo el núcleo del caos y de la confusión que existe en la psique. Porque el Iluminado no insistía en la purificación por un sentido tan sólo moral o altruista, en absoluto, sino con la intención de que fuera posible extinguir el sufrimiento.

«Así, pues, monjes —explica—, esta vida de pureza no se practica para adquirir fama, honores ni provecho, ni para lograr una moralidad, concentración, conocimiento o visión perfectos. La definitiva liberación de la mente, ésta y sólo ésta es la finalidad de la vida de pureza, ésta es su esencia, ésta su consumación».

En ningún momento hay que pasar por alto que la renuncia a la que el Buda se sometió tuvo como finalidad encontrar medios, métodos y vías para aniquilar el sufrimiento que él había tenido que encarar con motivo de sus tres primeras salidas del palacio. El Buda renunció a todo tipo de lujos, a las bellas y voluptuosas concubinas siempre dispuestas a complacerle, a suceder a su padre, a su mujer y a su hijo, única y exclusivamente para hallar el sendero hacia la extinción del sufrimiento. Descubrió, después de denodados esfuerzos que posibilitaron la revolución de su psique, que hay un estado sublime que todo ser humano puede alcanzar, el Nirvana, ya que todos somos, potencialmente, budas o iluminados. Aunque bien es cierto que para ello es necesario superar la ofuscación, el odio y la ignorancia de la mente y, desarrollando la visión penetrativa, ver la impermanencia, el sufrimiento y la ausencia de ser de todos los fenómenos (a los que él se refería como «una enfermedad, una espina, un dolor, una aflicción, una desgracia, un desbarate, una vaciedad»). Pero la recompensa es enorme, porque no es otra que la suprema Sabiduría que representa «conocer la aniquilación de todo el sufrimiento». Y acerca de la cual, Buda afirma: «He aquí, monjes, la suprema paz, y la más noble: el apaciguamiento de la avidez, el odio y la ofuscación». La meta es el Nirvana, un estado de bienestar inenarrable. Todo el Sendero propuesto por el Buda, con sus ocho factores, apunta hacia esa purificación mental que devendrá en un conocimiento directo de los fenómenos y, subsiguientemente, en la paz inmensa y la iluminación del Nirvana.

La empresa es de soberbias proporciones y dificultades, pero la estrategia propuesta por el Buda tiene una contundencia prodigiosa. Claro que esta transformación alquímica interior no puede conquistarse sin esfuerzo. Sólo aquellos que desde su profundo sueño psicológico reciban un atisbo de que es posible despertar y sientan la motivación necesaria para esforzarse en ello podrán salir de la densa bruma de la mente y de los tortuosos senderos de un pensamiento improductivo. Para conseguir tan honda mutación interior como la que propone el Buda, y antes que él tantos yoguis y maestros de la India, hay que recurrir, necesariamente, al elemento más poderoso de la mente humana: la atención. Ésta se convierte en la lámpara para que sea posible seguir la Ruta, y, de un modo parecido al referido por los místicos, drenar el fango del subconsciente y superar las propensiones destructivas. En este sentido, hay pocas parábolas budistas más significativas que la siguiente:

La mente es como una casa. Si la casa está bien techada, no entran el granizo, la lluvia ni la nieve; si la casa está mal techada, granizo, lluvia y nieve la anegan. Si la mente, pues, se halla bien protegida por la atención despierta y la ecuanimidad, vigilante e independiente, controlada, las malas influencias y los malos pensamientos no encuentran lugar en ella. Si por el contrario, la mente es negligente y descuidada, es débil e inatenta, será herida y contaminada, tanto por las nocivas influencias del exterior como por los propios pensamientos de ira, malevolencia, incertidumbre, celos, codicia y otros. La atención descarriada, frágil y mecánica no protege la mente; sólo la atención consciente y lúcida la custodia.

EL OCTAVO ESLABÓN:
LA RECTA CONCENTRACIÓN

La recta concentración es el octavo eslabón o factor del Noble Óctuple Sendero. Desde la más remota antigüedad, unos cuatro mil años antes de que naciera Siddharta Gautama el Buda, los yoguis de la India habían concebido y ensayado métodos muy fiables para robustecer la capacidad de concentración de la mente. Por falta de verdadera concentración, la mente se estrella contra las apariencias de los fenómenos, mora lejos de su sabiduría interna, y se pierde notables experiencias supracotidianas. La

Templos budistas en Birmania.

mente del ser humano está fragmentada y dividida; sus energías, diseminadas, y su discernimiento, empañado. Pero a través de un ejercitamiento se puede unificar la conciencia y acceder a planos mentales de excepcional riqueza y fecundidad. La concentración consiste en recoger la mente en un solo objeto con absoluta exclusión de todo lo demás.

La puesta en práctica del Noble Óctuple Sendero requiere de una aguda concentración que, a su vez, colabora en su alto desarrollo. La meditación es, asimismo, el método por excelencia para potenciar la concentración. Cuando la recta concentración es conquistada, la mente accede a planos muy elevados y se suceden comprensiones intuitivas y profundas que modifican la psique y el carácter. Sobrevienen, entonces, experiencias y vivencias como golpes de luz que purifican y abren el entendimiento. Tales experiencias proporcionan un significado distinto a la existencia humana y modifican los modelos ordinarios de conducta mental. Mediante el asiduo ejercitamiento en la concentración (y el yoga proporciona buena cantidad de técnicas para ello), se van ganando estados mentales sucesivos de intensa absorción o abstracción. La mente viaja así a planos superiores de la realidad y desencadena un entendimiento supracotidiano e hiperconsciente. Estos estados mentales de absorción que se van recuperando limitan y purifican el ego, reducen el apego, combaten la avidez y la aversión, proporcionan inmensa paz interior y plenitud, refrenan las propensiones nocivas, incrementan la energía y proporcionan higiene a las confusas profundidades de la mente.

Tales estados de absorción admiten grados de intensidad muy diversos. Con la práctica se van obteniendo absorciones más profundas e intensas, y por tanto más liberadoras y modificadoras, en la medida en que uno insiste en éstas. Proporcionan comprensión, calma profunda y bienestar, y son denominados por el budismo *jhanas* o *dyanas*. Cuando la mente se sumerge en ellos, obtiene madurez. Tales estados son, según el Buda, de una considerable ayuda para purificarse, mejorar el nivel de atención, limpiar la mente, superar el egotismo, recobrar la quietud profunda y desarrollar el entendimiento, pero no son de por sí suficientes para alcanzar el Nirvana ni para erradicar totalmente las raíces negativas más profundas de la mente humana. Algunas de estas raíces, impulsos e impresiones subliminales (*sanskaras*) vienen desde tiempos inmemoriales trasladándose de mente en mente. Para poder desenraizar y quemar esos impulsos es necesaria la visión liberadora o Sabiduría, que cambia por completo la organización psíquica. Precisamente, y como ya expondremos más adelante, en el budismo hay, por esta razón, dos tipos de meditación: la Meditación de Concentración, que cultiva y proporciona los *jhanas* o estados de abstracción, y la Meditación de Visión Cabal, que desarrolla en altísimo grado la visión lúcida para penetrar los hechos como son.

Buda conoció de primera mano y con profundidad los estados de abstracción. Los experimentó muchas veces e incluso los recorrió de abajo arriba y de arriba abajo varias veces antes de su extinción o *parinirvana*. Los *jhanas* son como escalones, que en la medida en que se van ascendiendo van proporcionando una vivencia distinta de uno mismo y de lo demás, pero, sin duda, también procuran un conocimiento más puro e intuitivo, y fuerzan a la mente a modificar su eje y emerger de sus condicionantes hábitos coagulados. Es decir, los estados de absorción transforman, pero no bastan para lograr la transformación radical que permite la experiencia nirvánica.

LOS JHANAS O ESTADOS DE ABSORCIÓN

Al tratarse esta obra de una biografía del Buda, que incluye su enseñanza (porque el Buda mismo es la Enseñanza, y no podría ser de otro modo), y al haber experimentado el mismo Buda numerosas veces estos estados, no podemos por menos que hacer una descripción sucinta de tales experiencias. Cuatro son los *jhanas* o absorciones básicas.

El primer *jhana* o absorción refrena los estímulos sensoriales y neutraliza las reacciones internas a ellos, sumiendo la mente en un estado de serenidad, más allá del ego y del apego, que produce alegría. Se da una unidireccionalidad mental sobre el objeto seleccionado para la concentración, aunque no se superan totalmente los discursos mentales y los conceptos. Hay autoconfianza, alegría, buena concentración, pero persiste la deliberación. Este *jhana* se define por el estado de alegría.

El segundo *jhana* o absorción intensifica el estado de quietud y de concentración. La mente obtiene mayor pureza y estabilidad. Ya no analiza, ni reflexiona, ni delibera. Se encuentra más allá del nivel de raciocinio ordinario. Se produce un sentimiento de inefabilidad. Mente y cuerpo están enormemente serenos, y brota la compasión, por la cual se caracteriza precisamente este *jhana*.

El tercer *jhana* o absorción permite un estado mental de enorme quietud y ecuanimidad, desapego y desapasionamiento, imperturbabilidad y lucidez. La calma es total; la atención plena. Este *jhana* se caracteriza por la ecuanimidad.

El cuarto *jhana* o absorción supera todas las estructuras ordinarias de la mente; traslada al sujeto más allá del goce o del dolor. Se produce una ecuanimidad absoluta y perfecta. El ego queda totalmente manumitido y el ánimo permanece en una imperturbable estabilidad. Nada puede perturbar en este *jhana*. Se está más allá de lo sensorial y del propio subconsciente. Es la contemplación más elevada y pura. Se caracteriza por ser el de más alto umbral de contemplación e inafectación.

No cabe duda de que estos estados de absorción drenan la mente en profundidad, la reposan y la ordenan. Pero, además de los cuatro *jhanas*, existen otros cuatro estados de absorción más intensos y que también Buda conoció de modo empírico. Se trata de los *arupas* o adquisiciones. Los *arupas* conducen al universo sin forma, a la vacuidad. Son estados tan elevados que escapan a toda descripción. Proporcionan experiencias de la infinitud del espacio, de la infinitud de la conciencia universal, de la infinitud de la vacuidad y de lo que está más allá de todo ello, saltando fuera de toda la organización psicosomática y de todos los códigos evolutivos de la especie.

El Noble Óctuple Sendero es la estrategia (*sadhana* según las escuelas soteriológicas de la India) para superar la ignorancia, transformar la mente y obtener la experiencia nirvánica. A este respecto, Buda afirmaba:

> *Éste, monjes, es el Camino Medio, comprendido a la perfección por el Perfecto, el Camino que proporciona la visión y el conocimiento y que conduce a la paz, al conocimiento directo, a la iluminación, al Nirvana.*

Buda propuso el Noble Óctuple Sendero como una vía directa hacia el Nirvana o la Liberación, seguro de su excepcional eficacia, por haberla recorrido él mismo. Pero a veces había personas que exponían al Buda su incomprensión de que, tratándose de un sendero directo hacia la Liberación, unos la ganaban y otros no. Existe un pasaje muy significativo en este sentido, que recoge la conversación mantenida por Buda con el brahmán Ganaka-Mogallana. Tras haber sido el brahmán instruido con mucha precisión en la Doctrina, preguntó al Buda:

—Señor, ¿todos los discípulos alcanzan el Nirvana o sólo algunos?

Buda repuso:

—Unos lo alcanzan y otros no lo alcanzan.

El brahmán, sorprendido, volvió a preguntar en los siguientes términos:

—Venerable señor, ¿cuál es la causa, cuál es la razón de que existiendo el Nirvana, existiendo el camino que conduce al Nirvana, existiendo el Buda como consejero, algunos de los discípulos instruidos alcancen el Nirvana y otros no?

—Déjame, buen brahmán —repuso Buda—, que yo a mi vez te pregunte a ti: ¿conoces bien el camino que lleva a la ciudad de Rajagrija?

—Por supuesto, señor, muy bien —aseveró el brahmán.

—Un hombre —agregó Buda— que desea ir a Rajagrija se te acerca y te pide que le indiques cómo llegar a la ciudad. Y tú le explicas: «Sigue esa carretera durante un trecho y después de un tiempo te encontrarás con una aldea; pásala y continúa caminando un poco hasta que llegues a un mercado. Pasa también el mercado y poco después te encontrarás con los parques y lagos maravillosos de Rajagrija». Pero aunque tú le hayas orientado correctamente, él puede tomar un camino equivocado en dirección hacia otro lado. Más tarde otro viandante viene y te pregunta cómo se va a Rajagrija. Y le proporcionas idéntica explicación. Así instruido, llega perfectamente a la ciudad. ¿Cuál es la causa, brahmán, cuál es la razón para que, existiendo el camino que conduce a Rajagrija y existiendo tú como consejero, un hombre exhortado e instruido así por ti tome la carretera equivocada y el otro llegue felizmente a Rajagrija?

—¿Qué podría yo decirte a esto, señor? —replicó el brahmán—. Yo simplemente he indicado correctamente el camino.

Y el Buda explicó:

—De igual modo, brahmán, existe el Nirvana y el sendero que conduce al Nirvana, y existo yo como consejero, pero en tanto unos discípulos, exhortados e instruidos así por mí alcanzan la meta inmutable, que es el Nirvana, otros no lo alcanzan. ¿Qué puedo yo hacer en tal caso? Un Tathagata es el que indica el camino.

Pero, naturalmente, a Buda no se le escapaba la dificultad de seguir rectamente el Sendero. Él mismo halló muchos escollos en su búsqueda y tuvo que trabajar pacientemente sobre sí mismo. Por eso instruyó a los monjes desde su propia experiencia y una y otra vez les solicitó que cuidaran la propia mente y ensayaran la contención del pensamiento. Nunca ocultó que la suya era una enseñanza «para el hombre enérgico, fuerte y de propósito firme, no para el indolente». Pedía a sus monjes que se ayudaran los unos a los otros, que fueran disciplinados, que cultivaran el recto propósito y el recto esfuerzo, que no desfallecieran y que recurrieran una y otra vez al poder liberador de la atención. Cierto día, reunidos sus monjes, les explicó:

Así como en una casa con tejado de dos aguas, monjes, las vigas convergen en la parhilera, se dirigen a ella por igual, se fijan y se unen a ella, así también los estados mentales perniciosos están todos arraigados en la ignorancia, y se fijan y se unen a ella. Por eso, monjes, debéis disciplinaros: viviremos juntos con vigilancia.

Recorriendo durante más de cuatro décadas toda el área de la cuenca del Ganges, mendigando él mismo su comida como un monje más, atendiendo a mendigos y monarcas, eremitas y seglares, no cejó el Despierto en su empeño de ofrecer a los seres humanos la medicina para aliviar e incluso superar el sufrimiento. Lúcido y ecuánime, contento en sí mismo, exhalando compasión, exhortaba a la libertad interior, sin dejar de apelar a la inteligencia clara y al corazón generoso.

20

La liberación definitiva (el Nirvana)

Seguramente éste sea el capítulo más complejo de la obra para el lector poco familiarizado con el tema, pero es inevitable abordarlo, porque el Nirvana es la meta del *Dharma*, la Doctrina por Buda mostrada, y los aspectos que ahora vamos a abordar también son esenciales de su Enseñanza, de modo que a lo largo de su dilatada vida en muchas ocasiones hubo de referirse a ellos. Ya hemos hablado sobre los componentes, agregados o concomitantes, que conforman el ser humano, pero hay que volver sobre el tema. La persona es un conjunto de los cinco agregados que lo componen, que constituyen una «personalidad» tan provisional como circunstancial: un flujo o *continuum* de procesos físicos y mentales. ¿Quién regula o propulsa este flujo? La inexorable ley del karma. ¿Qué crea el karma? La avidez o «sed». No hay una entidad permanente que sea la propietaria de los agregados. Están ausentes de toda sustancia. Del mismo modo que cuando se desarma pieza a pieza un carro nada queda de él, la disgregación de los concomitantes humanos no libera un yo, sino una potencia de devenir que se manifiesta en otros agregados, salvo que se suprime tal devenir mediante el Nirvana. El ser humano es mente y cuerpo: uno y otro están en continuo fluir. En la mente se producen incontables momentos y pensamientos, pero no hay un «alguien» que sea el dueño de tales pensamientos.

Según el budismo, por tanto, la kármica unión de los agregados hace creer a la persona que dispone de una entidad personal, pero el ego es provisional. La materia o cuerpo físico, que es el primero de los cinco agregados, cuenta con las siguientes propiedades: líquido, sólido, calor, movimiento y los derivados de todas ellas, los órganos sensoriales, objetos visibles, olores, sabores, sonidos, cosas y procesos mentales. El agregado que es la materia, además, es la base de los restantes agregados. El contacto con el mundo exterior a través de los sentidos origina las sensaciones. Al margen de las cinco sensaciones debidas a los cinco órganos sensoriales, existe una sexta: la mental. Las seis sensaciones pueden resultar agradables, desagradables o neutras, y pueden engendrar apego, aversión y embotamiento. El conjunto de ellas conforma el segundo agregado. El tercer agregado son las percepciones (sensoriales o mentales), es decir, la captación y el reconocimiento de lo fenoménico. La mente y los estados mentales son los dos restantes agregados.

Las formaciones mentales son muy complejas, y su análisis escapa al objeto de esta obra. Pero entre ellas se halla la función de anhelar, de la que se deriva el apego. El apego (y la aversión, que es un apego invertido) es lo que origina karma y no los agregados por sí mismos. No se engendra karma si surgen sensaciones o percepciones y no se reacciona a ellas con apego o aversión, sino que, por el contrario, se obtiene purificación. Por esta razón la meditación budista exige un estado mental de atención y ecuanimidad, permitiendo que los agregados operen por sí mismos, pero sin reaccionar ante el mundo con apego o aversión. El apego es una fuerza muy poderosa que siempre busca su satisfacción y que por mucho que se alimente jamás se sacia... La mente o conciencia descansa sobre el ensamblaje de los otros cuatro agregados; es el órgano que recibe, registra y anota. No podría manifestarse sin el resto de los agregados.

Pero ¿quién está tras estos agregados, quién dispone de ellos, quién los utiliza, quién experimenta sus estados? Nadie. Los agregados mismos, cuando están unidos, viven, sienten y piensan, y cuando llega la muerte se disgregan. Todo es relativo; nada es estático. Así, se habla de vacuidad o insustancialidad, puesto que nada permanece. Y todo es condicionado o condicionante. Sólo el Nirvana está más allá de todo condicionamiento, más allá de la rueda de causas y efectos, allende todo fenómeno condicionado e interdependiente.

Cuando Buda nació había ya en la India eficaces y fiables métodos de autorrealización desde milenios antes. El yoga cuenta con una antigüedad de seis mil años por lo menos, y Buda se sirvió de muchas de sus técnicas y actitudes. Tuvo numerosos maestros y ensayó buena cantidad de métodos que después de un largo entrenamiento le llevaron a percibir las causas y sus efectos, y la conexión entre el apego y sus resultados. Entre las visiones supraconscientes que obtuvo, se encuentra la que ha venido a denominarse la Ley del Origen Dependiente, que consta de doce eslabones que se cierran en círculos. Los innumerables monjes budistas que he entrevistado me han indicado que esta Ley es de una excepcional importancia, pero también muy difícil de entender, porque requiere no sólo de una comprensión intelectual, sino directa y más allá del raciocinio ordinario. Sin embargo, la asimilación de este aspecto de la Enseñanza desempeña un papel fundamental. Cada eslabón deviene condicionado por el anterior y a su vez condiciona y provoca el siguiente. Hace referencia a la existencia sin principio ni fin, al proceso de vida que no se interrumpe excepto si se logra el Nirvana. Es una ley de la causalidad con doce eslabones o factores condicionantes y condicionados, que son: Ignorancia-Actividades constitutivas-Conciencia-Mente y cuerpo-Los sentidos-Contacto-Sensación-Deseo-Apego-Proceso de devenir o llegar a ser-Renacimiento-Sufrimiento.

La ignorancia es la que pone en marcha esta rueda de causa y efecto a la que estamos sometidos hasta que hallemos la Liberación definitiva. Tal ignorancia consiste en el desconocimiento de la existencia tal cual es, de nosotros mismos y de la Realidad. Y su acción provoca en el ser humano distorsión, ilusión, y error existencial y vivencial. De hecho, a causa de la ignorancia, que no nos permite ver los fenómenos como son, generamos apego y aversión, y engendramos sufrimiento. La ignorancia genera a su vez las actividades y acciones en general (mentales, verbales, físicas), que, ejecutadas con egotismo, generan karma. De modo que la ignorancia es causa remota de que la fuerza de existencia se perpetúe con el renacimiento. Las actividades antes citadas dan origen a la conciencia, que se manifiesta gracias a los otros cuatro agregados. El cuerpo y la mente devienen por la conciencia y ellos a su vez originan los sentidos (los cinco sentidos físicos y el sentido mental). A causa de éstos se origina el contacto y a través del contacto surge la sensación. La sensación produce el deseo y el deseo a su vez el apego. El apego, por su parte, origina karma e impulsa el flujo de existencia, lo que deviene en renacimiento y, en definitiva, en sufrimiento.

Los doce factores, condicionados y condicionantes, se interrelacionan sobre la base de la Ley de Causación. Se dice en la Enseñanza que un ser «dependiendo de esto, llega a ser aquello»; Buda no reconoce una Primera Causa, ya que todas devienen como efecto de otra causa. Por ello, la Ley del Origen Dependiente es un círculo, donde el último factor es causa del sucesivo y así ininterrumpidamente. Descartada una Primera Causa, se nos dice que el impulso de devenir y renacer continúa por siempre, salvo que se interrumpa el proceso mediante la obtención del Nirvana, que supone el corte definitivo en la cadena. Pero no es posible asimilar esta Rueda del Devenir tan sólo con el conocimiento ordinario (empañado y distorsionado): es necesario purificar la mente para obtener un conocimiento directo y profundo de ella. Vidas pasadas, presentes y futuras se deben al Origen Dependiente. Esta Cadena de Causación manifiesta cada eslabón en un momento, pero en ese instante están todos presentes. Para liberarse de esta Cadena hay que superar, por tanto, todo apego y agotar el impulso de devenir. Si se pone término al apego, no hay devenir; al no haber devenir, no hay renacimiento; al no haber renacimiento, no hay sufrimiento, pues ya no hay ni enfermedad, ni vejez, ni muerte, ni otras causas de dolor. La cadena, en consecuencia, puede ser cortada, porque igual que «dependiendo de esto, llega a ser aquello», «cuando esto cesa, cesa aquello». El proceso, pues, puede ser detenido, según la siguiente fórmula:

Al cesar la Ignorancia, cesan las Acciones.
Al cesar las Acciones, cesa la Conciencia.
Al cesar la Conciencia, cesan los fenómenos mentales y físicos.
Al cesar los Fenómenos mentales y físicos, cesan los Sentidos.
Al cesar los Sentidos, cesa el Contacto.
Al cesar el Contacto, cesa la Sensación.
Al cesar la Sensación, cesa el Deseo.
Al cesar el Deseo, cesa el Apego.
Al cesar el Apego, cesa el Proceso de Devenir.
Al cesar el proceso de Devenir, cesa el Renacimiento.
Al cesar el Renacimiento, cesa el Sufrimiento.

Sólo el Nirvana, que al decir del Buda es «la más alta felicidad», pone término a todas las ataduras mentales y existenciales; es la meta y el propósito del buscador. El término significa «apagar», porque representa la cesación del apego y del proceso de devenir o continuidad. Es una experiencia sobre la que apenas se puede decir nada con el lenguaje, puesto que está más allá del tiempo, del espacio y de lo condicionado. Pero supone la liberación definitiva, el gozo profundo, la paz total, la sublimidad. Buda declaraba:

> *Arrebatados por la pasión, el odio y la ofuscación, los hombres, perdido el gobierno de la propia mente, se hacen daño a sí mismos o hacen daño a los demás, o bien se hacen daño a sí mismos y a los demás, sufriendo toda clase de dolores y aflicciones. Pero el que se ha apartado de la avidez, el odio y la ofuscación no se hace daño a sí mismo, ni hace daño a los demás, ni se hace daño a sí mismo y a los demás, y no sufre ninguna clase de dolor o aflicción. Esto, monjes, es el Nirvana, patente, inmediato, atendible, vía asequible a los sabios por el propio esfuerzo.*

El Nirvana representa la extinción de lo constituido y condicionado, y es un estado de inmensa quietud y sublimidad en el que no hay restos de sufrimiento. Es la iluminación total. Tras seguir el Noble Óctuple Sendero, observando la Triple Gema, el buscador purifica su mente y, tras extirpar de ella todos los obstáculos, gana el Nirvana. Pero ¿cómo explicar ese estado más allá de toda explicación posible? El propio Buda era muy parco cuando se refería a él. Declaraba:

> *Hay, monjes, algo sin tierra, ni agua, ni fuego, ni aire, sin espacio, ilimitado, sin nada, sin estado ni de percepción ni*

ausencia de percepción; algo sin este mundo ni otro mundo, sin luna ni sol; esto, monjes, yo no lo llamo ni ir ni venir, ni estar, ni nacer, ni morir; no tiene fundamento, duración, ni condición. Esto es el fin del sufrimiento.

Y también:

Eso es paz, eso es sublimidad, es decir, el fin de todo lo constituido, el abandono de los fundamentos de la existencia, el aniquilamiento del deseo, el desvaimiento, la cesación, el Nirvana.

Aquel que obtiene el Nirvana es un iluminado, denominado en el budismo original *arahat* o santo. El *arahat* ha acabado el recorrido, ha hecho lo que tenía que hacer, ha liberado la mente de toda contaminación, tiene el corazón saturado de compasión, nadie puede quebrar su ecuanimidad, ha puesto fin a todo miedo, aferramiento o dolor. Pero tampoco sobre la condición del *arahat* se definía con extensión el Buda, conociendo la dificultad de expresarla por medio de las palabras. Decía:

No he revelado que el arahat *exista después de la muerte, no he revelado que no exista, no he revelado que a un mismo tiempo exista y no exista después de la muerte, ni tampoco que ni exista ni deje de existir después de la muerte. Y ¿por qué no he revelado tales cosas? Porque no son edificantes, ni están relacionadas con la esencia de la Enseñanza, ni tienden hacia la modificación de la voluntad, la ausencia de pasiones, la cesación, el descanso, hacia las facultades más elevadas, la suprema sabiduría, el Nirvana. Por tanto no las he revelado.*

Sin embargo, sí indicaba que tal estado es el fin. El que lo consigue ha cumplido todo lo que tenía que acometer y se ha tornado imperturbable, firme y ecuánime, sin agitación y sosegado; ha ido más allá del nacimiento y de la vejez. Pero lo importante es saber que hay un estado donde toda tribulación cesa. Seguramente las palabras más sugerentes del Buda sobre el Nirvana son las siguientes:

Hay, monjes, algo no nacido, no originado, no creado, no constituido. Si no hubiese, monjes, ese algo no nacido, no originado, no creado, no constituido, no cabría liberarse de todo lo nacido, originado, creado y constituido. Pero, puesto que hay algo no nacido, no originado, no creado, no constituido, cabe liberarse de todo lo nacido, originado, creado y constituido.

Para aquel que ha obtenido el Nirvana, toda ilusión, distorsión e ignorancia se acaban. La ilusión existencial que era el resultado de una mente ofuscada llega a su fin. En el célebre texto *Majjhima Nikaya* podemos leer:

Pensar: «Yo soy» es ilusión; pensar: «Yo soy esto» es ilusión; pensar: «Yo seré» es ilusión; pensar: «No seré» es ilusión. Las ilusiones son una enfermedad, un tumor, una espina. Pero el que ha dejado atrás todas las ilusiones, de él se dice que es «un sabio sosegado». El sabio sosegado, monjes, no renace, no decae, no muere, no siente turbación ni deseo. Pues nada hay en él que pueda producir un nuevo nacimiento. Y, sin nacer, ¿cómo podría decaer? Y sin decaer, ¿cómo podría morir? Y, si no hay morir, ¿por qué turbarse? Y, si no hay por qué turbarse, ¿por qué desear?

Para liberar la mente de los cinco impedimentos (avidez, malevolencia, pereza, desasosiego y duda escéptica), cultivar las perfecciones y superar todas las trabas, se requiere no sólo una conducta adecuada, sino la práctica meditativa que, como ha señalado con sabiduría el venerable Nyanaponika Thera (con el que he mantenido largas conversaciones en su ermita, en Sri Lanka), es el procedimiento esencial para purificar la mente y hacerla merecedora del Nirvana. Pero, además, el Buda obtuvo su propia Liberación definitiva a través de la meditación. La meditación, pues, será el tema que abordaremos profundamente en el siguiente capítulo. La meditación es la práctica para encender la propia lámpara interior, y gracias a ella se desencadena la Sabiduría liberadora. Los factores séptimo y octavo del Noble Óctuple Sendero son las bases de la meditación. Buda mostró la técnica minuciosa a sus discípulos y los exhortó a meditar con regularidad y entusiasmo.

21

La Meditación Budista

Antes de que naciera Buda, la India ya era cuna de excepcionales místicos, yoguis, eremitas y renunciantes. La meditación era conocida desde tiempos inmemoriales, y utilizada como vehículo para conducir la mente más allá del mero conocimiento racional y para aprehender lo que se sitúa más allá de lo condicionado. Yoguis, renunciantes y ermitaños se servían de la meditación como método para conectar con la Última Realidad, serenar la mente y recuperar su ángulo de quietud e imperturbabilidad, acrecentar la conciencia y desenvolver la Sabiduría supracotidiana.

Buda, tras abandonar el palacio, comenzó a descubrir, explorar y practicar muchas de estas técnicas de transformación y mejoramiento mental, ya que él mismo intuía la necesidad de desempañar la mente y desencadenar el conocimiento directo para ver la realidad sobre la que se superpone la mente, llena de acumulaciones y condicionamientos. Buscó maestros, se reunió con eremitas, caminó junto a renunciantes y, en suma, obtuvo todos los conocimientos posibles sobre la tradición mística de su época, hasta que por fin puso en práctica sus métodos salvíficos. Buda habría de concederle gran importancia a la disciplina mental: sabía de la necesidad de observar una adecuada ética, pero también que sin la purificación de la mente no podía conquistarse la Sabiduría capaz de liberar. En consecuencia, los tres últimos factores del Noble Óctuple Sendero se ocupan del adecuado entrenamiento de la mente. Si la mente se halla ofuscada, ¿cómo será capaz de percibir con claridad? Buda declaraba: «En aquel cuya mente es inconstante, que ignora la ley verdadera y carece de confianza, la sabiduría no alcanza su plenitud». El entrenamiento es necesario, por tanto, para que la Sabiduría surja y sea posible manifestar la propia naturaleza búdica. A este respecto, el Maestro agrega: «Para aquel cuya mente no está agitada ni turbada por el deseo, que ha trascendido el bien y el mal, para ese hombre despierto, el temor ya no existe».

Como Buda trabajó incansablemente la meditación, fue elaborando y experimentando las formas de realizarla que él sentía y comprendía como las más eficaces. Así, hay que decir que la meditación budista es una de las mejores estructuradas y convenientes para cualquier persona, cualesquiera sean sus creencias. Tales formas de meditación también han sido utilizadas por los yoguis, sobre todo por las ramas de yoga no devocionales. El *Dharma* se pone en marcha en uno mismo a través de la meditación. Primero hay que escuchar la Enseñanza, luego reflexionarla y por fin meditar. El Recto Esfuerzo, la Recta Atención y la Recta Concentración van disponiendo la mente para que se puedan obtener aprehensiones de orden superior. Buda, como anteriormente los yoguis, consideraba que los actos son a menudo resultado del pensamiento, e insiste en la necesidad de controlarlo y de purificar los actos. Pensamientos y actos encadenan y generan karma, excepto si aquel que los tiene está establecido en el desapego y no reacciona negativamente. Cultivando pensamientos laudables se mejora el comportamiento y la relación. Por eso, Buda no dejaba de insistir no sólo en la meditación, sino en la necesidad de controlar los pensamientos negativos. El Maestro se explicaba de esta manera:

El monje que medita tiene cinco recursos a los que acudir siempre que haga falta ¿Cuáles son?

Si al contemplar un determinado objeto de meditación, surgen en él pensamientos malos y perjudiciales, pensamientos de avidez, de odio y de ofuscación, el monje se aparta de aquel objeto y se pone a contemplar otro que le sea más propicio.

O bien considera atentamente los peligros que entrañan los pensamientos malos y perjudiciales: «Hay en mí estos pensamientos, que son censurables, que entrañan consecuencias penosas».

O hace caso omiso de aquellos pensamientos.

O se pone a considerar la naturaleza y constitución de aquellos pensamientos.

O bien, con los dientes bien apretados y la lengua pegada al paladar, hace un esfuerzo de voluntad para dominar, subyugar y extirpar el estado mental indeseable.

Así es como se van disipando los pensamientos malos y perjudiciales, los pensamientos de avidez, de odio y de ofuscación, y desaparecen, y, una vez desvanecidos esos pensamientos, el monje queda firme, tranquilo, recogido y concentrado en su fuero interno.

Los condicionamientos que acarrea la mente, sus códigos y acumulaciones, se van superando paulatinamente. Existen numerosas técnicas de meditación y entrenamiento psicomental, pero en cualquier caso es conveniente disponer de un lugar tranquilo y apacible para su práctica, adoptar una postura estable con la cabeza y el tronco erguidos, pausar la respiración, asumir una firme resolución y concentrarse sin desfallecer en el objeto de la meditación. Como veremos, hay muchos objetos que pueden seleccionarse para la meditación; lo importante es fijar la mente en el asunto elegido y evitar las divagaciones. La meditación sentada debe ser complementada con una actitud meditativa en la vida diaria, es decir, hay que mantener la mente en un mejor nivel de atención y de ecuanimidad durante lo cotidiano.

En la tradición budista original existen dos tipos de meditación: la Meditación de Concentración y la Meditación de Visión Clara. La primera de ellas tiene como propósito la total tranquilización mental, su concentración y abstracción. Su práctica hace posible distintos grados de absorción (a los que anteriormente hemos hecho referencia).

Por su parte, la Meditación de Visión Clara se propone el desarrollo de una visión lúcida y sin prejuicios, muy penetrativa y capaz de ver los fenómenos como son y, en consecuencia, las tres características básicas de la existencia (sufrimiento, impermanencia e insustancialidad). En la medida en que la visión se va haciendo más cabal, precisa y profunda, el que medita obtiene percepciones supraconscientes que revolucionan las estructuras de su mente. La Meditación de Concentración y la Meditación de Visión Clara se complementan y enriquecen mutuamente, si bien los budistas originales ponen mucho mayor énfasis en la segunda, y consideran que, aun siendo la primera excelente para serenar y concentrar la mente (y reportar muchos otros beneficios y estados anímicos fecundos), es la segunda la que realmente proporciona la purificación total de la mente, erradica todas las raíces perniciosas, drena el subconsciente por completo, elimina las tendencias negativas y procura la aprehensión de lo Incondicionado. Pero Buda practicó y enseñó ambas clases de meditación. Hay que decir que las dos se hallaban ya en la corriente del yoga, pero que los yoguis devocionales insistían sólo en la primera para acceder, como todos los místicos del mundo, a un estado de máxima absorción y contemplación para llenarse del Todo. Los yoguis de escuelas no devocionales se servían de la meditación de observación de todos los fenómenos, es decir, practicaban la Meditación de Visión Clara, pero fue el Buda quien la estructuró y organizó.

Sin la formulación del Noble Óctuple Sendero y sin la enseñanza de la meditación, la Doctrina del Buda habría sido incompleta. La Triple Gema es el medicamento para poner fin a la avidez, la aversión y la ofuscación, esto es, al sufrimiento. Resulta imprescindible, pues, que ofrezcamos algunas directrices básicas de ambos tipos de meditación. A quienes deseen profundizar en el tema, nos permitimos recomendarles la que consideramos que es la mejor obra al respecto: *El Corazón de la Meditación budista*, del monje germano-cingalés Nyanaponika (traducción al castellano de Almudena Haurie).

LA MEDITACIÓN DE CONCENTRACIÓN
Y TRANQUILIDAD

Si algo caracteriza la mente humana que no se ha sometido a un entrenamiento para ser contenida, es que está de continuo dominada por pensamientos mecánicos y reactivos. Se trata de la «loca de la casa» a la que hacía referencia Santa Teresa de Jesús; ese «mono ebrio y loco», como lo llamara Vivekananda; ese «elefante furioso y en celo», al decir de los budistas. La mente está dividida, fragmentada, llena de agitación y desasosiego, y alimenta continuamente el conflicto y la ansiedad. De una mente ofuscada sólo puede brotar ofuscación, una mente agitada no puede ver las cosas como son. La mente condicionada por el odio, la codicia y la ofuscación crea dolor sobre el dolor, añade sufrimiento al sufrimiento. ¿Cómo una mente así puede aprehender la Realidad? Una mente tal se halla tan

Templo budista de Po Lin Lantau, Hong Kong.

saturada de ignorancia, tensiones, obstáculos, frustraciones e incertidumbre que por fuerza tienen que distorsionar aquello que percibe y elabora.

La Meditación de Concentración permite calmar, unificar y estabilizar la mente. Para ello los budistas originales (los *theravadins*) se han venido sirviendo de los cuarenta soportes tradicionales de meditación. Son los diez *kasinas* u objetos externos: tierra, agua, fuego, aire, azul, amarillo, rojo, blanco, luz y espacio; los diez *asubha* o impurezas del cadáver, esto es, todas las fases de descomposición del cuerpo desde que muere hasta que se hace un esqueleto; las diez *anussati* o recolecciones: el Buda, la Doctrina, la Orden, la moralidad, la generosidad, los *devas* (dioses), la paz del Nirvana, la muerte, el cuerpo y la respiración; los cuatro *brahmaviras* o cualidades puras: compasión, ecuanimidad, alegría y benevolencia; los cuatro *arupas* o planos inmateriales: el espacio ilimitado, la conciencia ilimitada, el plano de la no-percepción y el plano donde no existe ni percepción ni no-percepción, y, por último, los *sañña* y *vavathana*, que representan el examen y análisis de la alimentación y los cuatro elementos.

¿Qué es exactamente el *kasina*? Es un soporte externo para la concentración. Resulta de gran utilidad para lograr la unidireccionalidad de la mente. Evita la dispersión mental y aumenta el dominio sobre el pensamiento, ayudando a contenerlo. El practicante prepara su propio *kasina* o soporte con todo esmero y atención, lo que consiste en empezar a meditar y a concentrarse. El ánimo debe permanecer sereno, la resolución firme y la mente atenta. Según el propio temperamento, se puede seleccionar uno u otro color (los antiguos maestros de meditación, conociendo el temperamento de sus discípulos, les aconsejaban el color con el que trabajar) y hay que conformar un círculo o disco de dicho color, ya sea en tela, madera u otro material. Para los principiantes el tamaño del círculo debe ser mayor que para los meditadores aventajados. Un círculo grande hace más fácil la concentración para el principiante, pero un círculo pequeño permite una mayor unidireccionalidad mental. El caso es que tras haber preparado el *kasina*, se coloca ante uno a cierta distancia y en línea horizontal con la mirada. Se fija muy atentamente la vista en el *kasina*, evitando cualquier divagación o distracción, y tratando de absorberse al máximo sobre él. Después de unos minutos, se cierran los párpados y trata uno de representarse, con la mayor fidelidad posible, el *kasina*. Cuando se desvanece por completo el soporte de la mente, se repite la misma operación. Se procede de este modo el tiempo dedicado a la práctica. Pero después de una práctica lo suficientemente prolongada (puede llevar meses), aparece en la mente, tras observar el *kasina* y cerrar los ojos, una contraimagen que los budistas denominan *nimitta*. Cuando aparece, el meditador se absorbe en esta imagen y puede obtener así grados muy intensos de absorción meditativa. No hay, empero, que desfallecer si no aparece el *nimitta*, y se debe seguir trabajando asiduamente con el *kasina*. Al principio, la imagen conseguida al cerrar los ojos es difusa, luego se torna más clara y por último se presenta la fiel y nítida contraimagen. Este tipo de meditación con *kasina* unifica la conciencia, organiza la mente y procura calma.

De los restantes ejercicios de Meditación de Concentración haremos sólo una referencia a la meditación sobre cualidades positivas. Ya los yoguis más antiguos decían que, para combatir las cualidades negativas de la mente, hay que meditar en sus opuestas, es decir, en las positivas. El cultivo de pensamientos nobles ennoblece, a su vez, el carácter y el comportamiento. Hay que meditar sobre cualidades positivas y luego ejercitarse en practicarlas. Así se va mejorando el comportamiento y la relación con nosotros mismos y los demás. Buda siempre insistía en la necesidad de vigilar los pensamientos, evitar los negativos y propiciar los laudables. Una persona se convierte en el artífice de su mente y, en consecuencia, de su carácter. Este tipo de meditación corrige los defectos psíquicos y de comportamiento: es autoeducativa. Fomenta la ecuanimidad, la alegría, la compasión, la tolerancia, la generosidad y muchas más cualidades deseables. Conviene plantearse su conveniencia y tratar de incorporarla a la vida cotidiana. Buda no dejaba de enfatizar, sobre todo, en la necesidad de desarrollar amor y compasión. Él mismo, por compasión, se decidió a conducir la Enseñanza a los otros durante más de cuatro décadas, a lo largo de las cuales no sólo fue agasajado, reconocido y escuchado, sino que también tuvo que soportar a personas envidiosas y malintencionadas, insultos y mucha malevolencia.

Hay otro ejercicio de meditación muy importante que los budistas vienen haciendo desde hace dos mil quinientos años hasta la actualidad. Es un ejercicio para fomentar el amor y la compasión, y ennoblecer así los sentimientos e intenciones. Hoy en día este ejercicio debería tener más vigencia que nunca. El sentimiento de amor desinteresado debe cultivarse hacia todos los seres que sienten, comprendiendo que todos padecen sufrimiento y desarrollando una profunda compasión hacia ellos. Con esta meditación se trata de irradiar el sentimiento de benevolencia y compasión para todas las criaturas. Se empieza por meditar sobre el afecto y la benevolencia, sobre su importancia y su grandeza. En postura de meditación, calmo y apacible, el meditador comienza por sentir afecto por sí mismo; pero no un afecto narcisista ni personalista, sino el amor por el ser viviente y frágil que es, sintiéndose uno a sí mismo interdependiente de todo. Después de fomentar este afecto, y con gran calma y paz, uno envía sus mejores sentimientos de amor e infinita compasión a los seres más queridos y familiares. Se propaga luego este sentimiento hacia amigos menos queridos, hacia los conocidos, hacia las personas que nos son indiferentes e incluso hacia los enemigos. Ésta es una manera de meditación amorosa, denominada *metta*, pero hay otra que consiste en visualizar que irradiamos amor hacia todo el espacio y en todas las direcciones, cubriendo con este sentimiento a todas las criaturas vivientes y de todos los universos y reinos de existencia. El *Sutra Metta* o *Sutra del Amor* dice:

> ¡Que todos los seres sean felices y estén a gusto! ¡Que estén alegres y vivan en seguridad! ¡Todos los seres, ya sean débiles o fuertes —sin excluir a ninguno— en etapas altas, medianas o bajas de la existencia, pequeños o grandes, visibles o invisibles, cercanos o lejanos, nacidos o por nacer, que todos los seres sean felices y se encuentren a gusto! Que ninguno engañe a otro, o desprecie a ser alguno en estado alguno; que ninguno, por ira o por mala voluntad, desee el mal a otro. Así como una madre vigila y protege a su hijo, a su hijo único, así con una mente ilimitada debemos amar a todos los seres vivientes, irradiando amistad por el mundo entero, arriba, abajo y alrededor, sin límites. Por lo tanto, se debe cultivar una buena voluntad ilimitada hacia el mundo entero, sin trabas, libre de mala voluntad o enemistad.

Una de las técnicas más fabulosas para calmar los procesos físicos y mentales y desarrollar en alto grado la atención es la denominada anapana-sati o atención a la respiración, que los yoguis venían también practicando desde épocas muy remotas. Consiste en fijar la mente en las aletas de la nariz y concentrarse en el leve roce (sensación táctil de la respiración) que el aire produce con la inhalación y la exhalación.

Hay que irse absorbiendo tanto como sea posible en la sensación. El mismo Buda no dejaba de recomendar esta práctica una y otra vez. Sus monjes la llevaban a cabo en la soledad del bosque o debajo de un árbol.

LA MEDITACIÓN DE VISIÓN CLARA

Esta clase de meditación se denomina *vipassana*. El Buda la practicó incansablemente y a través de ella obtuvo la iluminación definitiva. La visión clara o *vipassana* es la que surge de la pureza de la mente (cuando la mente está muy atenta y purificada, y, sobre todo, ecuánime y arreactiva), y es capaz de la aprehensión directa y sin prejuicios o interpretaciones. Así se pueden ver las cosas muy penetrativamente y recobrar otro tipo de entendimiento más allá del ordinario. Este tipo de aprehensión directa origina modificaciones muy profundas en la mente humana y permite ver las tres características básicas de la existencia. Es, pues, una visión liberadora y sabia, que opera a niveles muy profundos en la psique, que supera con su ayuda sus viejas estructuras y esquemas coagulados. Esta visión tan singular deriva de la observación muy atenta y arreactiva, que deja los fenómenos en sí mismos, sin distorsionarlos con las acumulaciones psicológicas que todos arrastramos. Como resulta obvio, para desencadenar esta visión esclarecedora se requiere un gran trabajo de descodificación. Buda lo hizo y mostró los métodos para conseguirlo.

Así como la Meditación de Concentración induce a la total unificación de la mente, a la concentración perfecta y al éxtasis, la Meditación de Visión Clara desarrolla una intuición o conocimiento supraconsciente que permite la captación directa de las tres características básicas de la existencia, facilitando el acceso a la experiencia del Nirvana. La implacable e inafectada observación de los fenómenos físicos y mentales, internos y externos, produce otro tipo de mente. El meditador, con sagaz y excepcional atención, va descubriendo cómo todos los procesos y fenómenos surgen y se desvanecen, y que son tan impermanentes como insustanciales. La actitud de la mente gira por completo y la ignorancia se descarta. Sobreviene la discriminación liberadora y el ser humano, emergiendo de la densa niebla de la ilusión, comienza a purificar sus opiniones, a refrenar su ego, a superar el apego y el egotismo, y a abandonar enfoques equivocados tales como considerar permanentemente lo que es impermanente, placentero lo que es penoso, ente inmutable lo que no tiene identidad, puro lo que es impuro. En la medida en que se avanza en la meditación, muchas distorsiones e impedimentos mentales cesan.

La Meditación de Visión Clara toma como objetos de meditación todos los procesos y fenómenos. Como quiera que lo más cercano a uno es el propio cuerpo y la propia mente, se efectúan muchos ejercicios de Meditación de Visión Clara sobre los componentes que a uno le constituyen. Todos pretenden la liberación del sufrimiento, objetivo principal de la Enseñanza. El Maestro declaraba: «Yo he mostrado el sufrimiento y la liberación del sufrimiento».

Según el Sermón de los Fundamentos de la Atención, la atención puede dirigirse hacia el cuerpo, las sensaciones, la mente y los objetos de la mente. Cada maestro de Meditación de Visión Clara tiene predilección por unos u otros métodos y sistemas. Así, hay maestros que, sobre todo, insisten en la meditación sobre el cuerpo; otros, en la meditación sobre las sensaciones; otros, en la meditación sobre la mente y sus objetos, o sobre el cuerpo y la mente. Aun dentro de las cuatro contemplaciones (cuerpo, sensaciones, mente y objetos mentales), hay maestros que insisten más en un aspecto que en otro e imponen su propia disciplina, basada en su experiencia personal. Aunque la Meditación de Visión Clara es una, hay muchas formas de ejecutarla; sin embargo, todo entrenamiento es siempre muy riguroso y esforzado.

La contemplación del cuerpo incluye secciones como la atención sobre la respiración, la atención sobre las posturas corporales, la atención sobre los componentes del cuerpo, la atención sobre los cuatro elementos del cuerpo y la atención al cuerpo muerto y en descomposición.

La contemplación de las sensaciones consiste en ir registrando, sin aprobar o desaprobar, sin avidez ni aversión, y con total ecuanimidad, las sensaciones (placenteras, displacenteras o neutras) que surgen y se desvanecen en el cuerpo. Se requiere una extraordinaria atención despierta y una sólida actitud de ecuanimidad. El practicante debe meditar sobre las sensaciones burdas y sutiles de su cuerpo sin reaccionar. Observará, cuando se haya entrenado lo suficiente, cómo surgen y desaparecen, y vivenciará directamente la característica de la impermanencia, fluir y transitoriedad de todos los fenómenos. Este ejercicio de meditación limpia el subconsciente, agota la energía de los impulsos negativos, libera de traumas y tensiones, purifica la atención y desarrolla una dimensión mental de ecuanimidad y calma profunda.

Para captar las sensaciones también los maestros se inclinan por una u otra técnica, pero la más común consiste en deslizar el foco de la atención mental por las distintas zonas del cuerpo y percibir las sensaciones existentes. Este método se establece en el desapego y en la quietud. Buda lo practicó y lo recomendó a sus monjes, pues es muy eficaz para emerger de los límites estrechos de la mente, llena de codicia, odio y ofuscación.

Mediante la atenta y arreactiva observación, el meditador va relacionándose a un nivel muy distinto con su mente. Observa, implacable y desapasionadamente, todo lo que surge y se desvanece en el espacio mental, así como los estados de todo tipo, registrando cuanto se le presenta.

Buda insistió, para que no hubiera dudas al respecto, en que esta senda de los cuatro fundamentos de la atención es la que conduce a la purificación, a la conquista del sufrimiento y al recto proceder.

La meditación *vipassana* confronta con los procesos y enseña a verlos en toda su fugacidad, fluir e impermanencia. Pero no basta obviamente con el reconocimiento intelectivo de este hecho, sino que se requiere la experiencia directa, que sólo procura la meditación. Al mirar con visión profunda, los fenómenos se presentan como son y su vivencia directa cambia la raíz de las estructuras ordinarias de la mente. El entendimiento se torna revelador y la inteligencia búdica (iluminada) hace acto de presencia. Entonces, poco a poco, afirma el Bienaventurado, «se extingue toda esa masa de sufrimiento». Los que se esfuerzan incansablemente llegarán al Nirvana, ese estado al que el Buda accedió y sobre el cual declara:

«Ninguna medida mide al que ha alcanzado la meta. ¿Por qué medida puede ser medido lo Inconmensurable? Ninguna palabra describe lo indescriptible».

El Sendero
de la Sabiduría

El *Sendero de la Sabiduría* —o de la Enseñanza— (DHAMMAPADA) es uno de los
manuales éticos más perfectos que jamás se
hayan escrito, además de ser de una gran belleza
y sublime profundidad. Es una obra para inspi-
rarse místicamente, reflexionar y meditar. Es
muy popular entre los budistas y representa lo
esencial de la enseñanza del Buda, que siempre
insistió en el amor y la compasión. Forma parte
del *Canon Pali*, es decir, las más antiguas escrituras budistas, y representa un sendero hacia la
verdadera purificación. Está incorporado al
Khaddaka Nikaya (última colección del *Sutra*

Pitaka) y cuenta con 423 versos, de los cuales hemos extraído algunos de los más significativos y sugerentes para los lectores de la presente obra.

El *Dhammapada* recoge enseñanzas del Buda, transcritas por sus discípulos, puesto que él nada escribió directamente.

Hemos tomado algunos de sus aforismos de la versión que realizara nuestro admirado y respetado amigo el venerable Piyadassi Thera del pali al inglés. La traducción al castellano ha sido efectuada por Simón Mundi y el autor de esta obra.

Todos los estados encuentran su origen en la mente. La mente es su fundamento y son creaciones de la mente. Si uno habla o actúa con un pensamiento impuro, entonces el sufrimiento le sigue, de la misma manera que la rueda sigue la pezuña del buey.

Todos los estados encuentran su origen en la mente. La mente es su fundamento y son creaciones de la mente. Si uno habla o actúa con un pensamiento puro, entonces la felicidad le sigue como una sombra que jamás le abandona.

El odio nunca se extingue por el odio en este mundo; solamente se apaga a través del amor. Ésta es una antigua ley.

Aunque uno recite mucho las escrituras, si es negligente y no actúa en consonancia, es como el vaquero que cuenta las vacas de los otros. No participa jamás de la vida de pureza.

Aunque uno recite poco las escrituras, si se conduce según la Enseñanza abandonando la avidez, el odio y el autoengaño, provisto de recta comprensión, con una mente bien liberada, no apegándose a nada ni aquí ni después, participa de los frutos de una vida de pureza.

La diligencia es el camino hacia el Nirvana. La negligencia es el camino hacia la ofuscación. Los diligentes alcanzan el Nirvana. Los negligentes es como si ya hubieran muerto.

Aquellos sabios que meditan y perseveran tenazmente alcanzan el Nirvana, el supremo refugio más allá de las ataduras.

Si uno se esfuerza, es atento, puro en conducta, discrimina, se autocontrola y vive de forma recta y despierta, su gloria aumentará constantemente.

A través del esfuerzo, la diligencia, la disciplina y el autocontrol que la persona sabia haga de sí misma, se hará una isla que ninguna inundación pueda cubrir.

Necios, hombres de inteligencia inferior, se recrean en la negligencia. El hombre sabio guarda la diligencia, como un tesoro supremo.

Vigilante entre los negligentes, plenamente despierto entre los dormidos, el sabio avanza, como un corcel de carreras se adelanta a un jamelgo decrépito.

Esta mente voluble e inestable, tan difícil de gobernar, tan difícil de controlar, el sabio la endereza como el arquero la flecha.

Es bueno controlar la mente, que es difícil de dominar, que es rápida y tiende a posarse allí donde le place. La mente controlada proporciona la felicidad.

Cualquier daño que un enemigo pueda hacer a su enemigo, o uno que odia a uno que es odiado, mayor daño puede ocasionar una mente mal dirigida.

El bien que ni la madre, ni el padre, ni cualquier pariente pueda hacer a un hombre se lo proporciona una mente bien dirigida, así ennobleciéndolo.

Deberíamos considerar no los fallos de los demás, ni lo que los demás han hecho o han dejado de hacer, sino nuestros propios actos hechos u omitidos.

Igual que una flor bella y brillante de color, pero sin perfume, así son de estériles las buenas palabras de quien no las pone en práctica.

Igual que una flor bella y brillante de color y también rebosante de perfume, así son de fructíferas las buenas palabras de quien las pone en práctica.

Larga es la noche para aquel que está despierto. Largo es el camino para el viajero cansado. Larga es la existencia para los necios que no conocen la enseñanza sublime.

Si una persona busca y no puede encontrar alguien que sea mejor, o igual que ella, que siga en solitario la senda de su vida. No puede haber amistad con un necio.

«Tengo hijos, tengo riqueza», así contabiliza el necio en su mente. Pero él mismo no se pertenece. ¡Cuánto menos los hijos y la riqueza!

Un necio consciente de su necedad es por tal razón un hombre sabio, pero el necio que se considera sabio es verdaderamente merecedor del calificativo de necio.

Aun si toda su vida un necio se asocia con un sabio, no comprenderá la Verdad, igual que la cuchara nunca captará el sabor de la sopa.

Si un hombre inteligente se asocia con un sabio, aunque sólo sea por un momento, rápidamente comprende la Verdad, como la lengua capta el sabor de la sopa.

Necios, hombres de inteligencia inferior, se comportan como sus propios enemigos, cometiendo malos actos que producen frutos amargos.

No os asociéis con amigos mezquinos; no mantengáis la compañía de hombres innobles. Asociaos con amigos nobles; conservad la compañía de los mejores entre los hombres.

Como una sólida roca no se mueve con el viento, así el sabio permanece imperturbado ante la calumnia y el halago.

Como un lago profundo es transparente y tranquilo, así se vuelven los sabios al escuchar la Enseñanza.

Pocos entre los hombres son los que cruzan a la otra orilla (la de la Sabiduría). La mayoría sólo sube y baja por la misma orilla.

Mejor que mil disertaciones, mejor que un mero revoltijo de palabras sin significado, es una frase sensata; al escucharla uno se calma.

Más grande que la conquista de mil hombres en mil batallas es la conquista de uno mismo.

Un solo día de la vida de una persona virtuosa y meditativa vale más que los cien años de la vida de una persona inmoral y descontrolada. Un solo día de la vida de una persona que se esfuerza con firme resolución vale más que cien años de la vida de una persona perezosa e indolente.

Si un hombre obra mal, que no lo haga una y otra vez, que no se recree en ello. Dolorosa es la acumulación del mal.

Si un hombre obra bien, que lo haga una y otra vez, que se recree en ello. Feliz es la acumulación del bien.

Quienquiera que daña a un hombre inocente, puro y sin falta, aquel mal se vuelve contra ese necio, así como el polvo que se ha lanzado contra el viento.

Todos temen el castigo; todos aman la vida. Comparándose uno con los demás, uno no debe matar ni causar muerte.

Quienquiera que buscando su propia felicidad daña a los que igual que él la buscan no la obtendrá después de la muerte.

Quienquiera que busca su propia felicidad y no daña a los que igual que él la buscan la hallará después de la muerte.

No habléis agresivamente con nadie, porque los que atacáis podrán replicaros de igual manera. Las discusiones crean dolor y podréis recibir golpe por golpe.

Aquel que aprende poco crece como un buey; crece en peso, pero no en sabiduría.

Uno mismo es su propio refugio. ¿Qué otro refugio podría haber? Habiéndose controlado a uno mismo, se obtiene un refugio difícil de conseguir.

Por uno mismo se hace el mal y uno mismo se contamina. Por uno mismo se deja de hacer el mal y uno mismo se purifica. La pureza y la impureza dependen de uno mismo. Nadie puede purificar a otro.

Aquel cuyas buenas acciones superan las malas ilumina este mundo como la luna emergiendo de las nubes.

La victoria engendra enemistad. Los vencidos viven en la infelicidad. Renunciando tanto a la victoria como a la derrota, los pacíficos viven felices.

El hambre es la mayor aflicción, el contento es la mayor riqueza, un amigo es el mejor pariente, el Nirvana es la dicha suprema.

Del apego surge el dolor; del apego surge el miedo. Para aquel que está libre de apego no hay dolor y ¿cómo puede haber miedo?

La ganancia suprema es la salud, la mayor riqueza es el contento, un amigo de confianza es el mejor pariente. Nirvana es la dicha suprema.

Conquista al hombre airado mediante el amor, conquista al hombre implacable mediante la bondad, conquista al avaro mediante la generosidad, conquista al mentiroso mediante la verdad.

Fácil es la vida de un sinvergüenza, que con la osadía de un cuervo es calumniador, impertinente, arrogante e impuro.

Difícil es la vida de un hombre modesto, que siempre busca la pureza, que es desapegado, humilde, cuya manera de vivir es limpia y reflexiva.

Fácil es ver los fallos de los demás, pero los propios fallos son difíciles de ver. Uno aventa, como la paja, los fallos de los demás, pero esconde los propios como el cazador se esconde a sí mismo.

No se vuelve uno sabio tan sólo con hablar mucho. Aquel que es apacible, libre de odio y miedo, es llamado un hombre sabio.

Los hijos no ofrecen ninguna protección, ni el padre, ni los parientes. Para aquel que está apresado por la muerte, no puede haber refugio en ningún pariente.

Comprendiendo este hecho, que el hombre sabio, restringido por la moralidad, comprenda rápidamente el camino que conduce al Nirvana.

Feliz es la virtud milenaria, feliz es la confianza bien establecida, feliz es la adquisición de sabiduría, feliz es la abstención del mal.

Aquel que como el agua en la hoja del loto o como el grano de mostaza en la punta de una aguja no se aferra a los placeres, a ése llamo yo un sabio.

Aquel que ha dejado de lado el palo de la violencia hacia los seres débiles o fuertes, que no mata ni causa muerte, a ése llamo yo un sabio.

Aquel que es amistoso entre los hostiles, controlado entre los armados, desapegado entre los apegados, a ése llamo yo un sabio.

Aquel que está libre de mancha, inmaculado como la luna, puro, absolutamente sereno y claro, el que ha destruido la sed de devenir, a ése llamo yo un sabio.

Índice